ちくま新書

アリストテレス入門

山口義久
Yamaguchi Yoshihisa

301

アリストテレス入門【目次】

アリストテレス Aristoteles BC.384-BC.322
（ヴァティカン博物館）

【序章】

アリストテレス再発見

アテネのアクロポリス

†アリストテレスの現代的意義

アリストテレスという名前を聞いて連想することは、ひとによって同じではないだろう。彼の著作を読んだことがある人は、どの著作を読んだかによって、受けた印象もそれぞれ違うだろうし、読んだことのない人は、アリストテレスにつけられるさまざまな形容によって判断するかもしれない。たとえば、理想主義者プラトン（前四二七―前三四七）の学校で学んだ「現実主義者」だとか、さまざまな学問の基礎をきずいた「万学の祖」であるといったように。あるいは、その時代のファッションに合わせた形容が選ばれることもある。

しかし、そういった言葉をアリストテレスに結びつけることに、どんな意義があるだろうか。アリストテレスのテクストを読んで、その哲学にある程度親しんだときに、「むしろ本当は（あるいは正確に言うと）こうだったのか」と分かることがあれば、そのときに味わう感動を大きくする効果はあるかもしれない。だが、そのために不正確なレッテルを貼るのは本末転倒であろう。また、そのような形容は、アリストテレスの考えそのものについて知ろうとする意欲を起きなくさせる効果をもっているように思われる。

アリストテレスは現実主義者だったと聞いても、それを自分なりの現実主義のイメージに当てはめてしまうと、アリストテレスがどんな現実主義者だったのか、あるいはなかったのかを知る必要は感じないで終わってしまうだろう。あるいは、アリストテレスがいろいろな学問の基礎をきずいたと言われても、そういう人もいたから今いろいろな学問があるのだというかたちで納得してしまえば、それ以上知りたいという気持ちになる人はそれほど多いとは思われない。

また、アリストテレスが重要な業績を残したのが事実であっても、それは現代の科学から見れば、たんなる基礎的な作業にすぎないものであって、いまさら学ぶ必要などないと考える人もいるだろう。あるいは、彼が現実主義的な見方をしていたとしても、私たちにとっては、現代の現実を見ることこそが大事なのであって、アリストテレスを学ぶことは過去の遺物を学ぶことでしかないと考える人もいるに違いない。

もちろん、歴史的な研究は一般に、私たちの見る眼を養ってくれるものであり、古典と呼ばれるものは、いつの時代にあっても考えなければならない問題を考えさせてくれるからこそ、長い期間にわたって重んじられてきたのである。そのことはとうぜんアリストテレスの著作にも当てはまるが、彼の場合には、そのような一般的な意義だけにとどまらないように思われる。

それは、私たちがさまざまな事柄について考える際の思考法そのものにかかわる問題を考えさせてくれるからである。それがどのような問題であるかは、これからこの本で明らかにしていかなければならない。私たちが彼のとり組んだ問題に眼を開かれ、自分でもその問題を考えてみようという気になるなら、その時には、自分がこれまで気づかなかったアリストテレスを再発見することになるであろう。

†アリストテレス著作の再発見

歴史的に見ると、アリストテレスの再発見と呼ぶべき大きな出来事が、紀元前一世紀に起こっている。それは彼の「著作」の再発見であった。アリストテレスがひとに読ませるつもりで書いた著書が多数あったことは確かであるが、後世の著作家が引用した部分（いわゆる断片）を除けば、今は残っていない。現在「アリストテレス著作集」と呼ばれているものは、そのほとんどが、その時に再発見されたものに基づいていると考えられている。

その出来事についての言い伝えを、かいつまんで述べるなら、以下のようになる。アリストテレスの学校リュケイオンの文庫（蔵書）には、アリストテレスと彼の後継者テオプラストス（前三七二頃―前二八六）の書物が含まれていたが、テオプラストスの死後、それを小アジア北西部の町に持ち帰った弟子がいた。この蔵書は、その弟子が死んでからは読む人もなく、いわば死蔵されることになってしまう。その後それは一人の愛書家の手に渡り、さらにローマの将軍スラ（前一三八─前七八）がアテナイを占領したときにローマへ運ばれ、学者によって整理・修復が加えられたあとで、最終的にロドス島出身のアリストテレス学派の哲学者アンドロニコス（前七〇─前五〇活躍）によって、編集されて公開された。

このようにして世に出たアリストテレスの作品とは、大部分は彼の講義録のようなものであろうと考えられている。この発見が歴史的に見て大事件であったことは、結局彼の公表した著書のほうは忘れられ散逸《さんいつ》してしまったという事実が物語っている。これらの講義録は、文学的な脚色をくわえることなしに、問題を直截《ちょくせつ》に論じる形式で書かれているので、哲学への格好の手引きと考えられるようになったのであろう。また、アレクサンドリアで盛んになった文献学の研究対象ともされ、西暦二世紀のアレクサンドロスをはじめとする多くの学者によって注釈が書かれた。そのようにしてギリシア語で書かれた注釈書のうち、現代にまで伝えられたものだけでも、アリストテレス全集の本文の数倍の分量にのぼるほどである。

それらの注釈書のなかには、六世紀の新プラトン主義者シンプリキオスのものも含まれているが、三世紀のプロティノス（二〇五頃─二七〇）の学校でもアリストテレスの著作の注釈書が読まれていたことが知られるので、新プラトン主義哲学の成立にも、アリストテレス著作の再発見が重要な役割を果たしていることが分かる。アリストテレス哲学は新プラトン主義と一体になってアラビアの哲学者たちに大きな影響をあたえ、そこから十二世紀にはヨーロッパの人々に知られるようになってスコラ哲学の思想的バックボーンとされ、ひいてはルネサンスを経て近世以後の哲学にも大きなインパクトをあたえたのである。

†新たな概念の創始

アリストテレス哲学が後世にあたえた影響からだけでも、それが言わば時代を超えた意義をもっていることをうかがい知ることができる。たとえば、われわれが何気なしに使っている用語のうち、そのような歴史を通じてアリストテレスから受け継いだものも少なくない。具体・抽象、普遍・個別（一般・特殊）、可能・現実といった対《つい》概念や、目的とか帰納といったさまざまな概念については、あとであらためてとり上げることになる。

そのような概念を創始する、あるいは初めて使うということがどんなことであるのか、それがすでに用いられている時代に生きる私たちには想像しにくいことである。私たちが考えるときには、口には出さなくても言葉を使って考えていると思われる。その言語を覚える過程で私たちは、すでに通用している概念を身につけていくわけであるが、まだ言葉に表現されていない概念を、どうやって考えたらいいのだろうか。

もちろん、アリストテレスがまったく何もないところから新しい概念を考えだしたということではない。そんなことができるとしたら、それこそ超人的な神業であることになろう。彼以前にも、さまざまな問題を根本のところから考えた人々がいて、種々の概念に結実させる準備は進んでいた。とりわけ、彼が弟子入りしたプラトンの貢献はけっして小さくない。アリストテレス自身も、自分の業績が先人たちの仕事のおかげをこうむっていることを、よく自覚していた。しかし、だからといって、彼が長い歴史を通じて使われることになるような新しい概念を創始したことが、けっして小さな仕事になるわけではない。

私たちが目にする現代的な概念は、新たな問題意識を組み込んでいるかぎりにおいて、必要なものとして生み出されたのであろう。しかし新しい概念は、さまざまに異なる問題意識を背景にもっているだけに、一方では独りよがりのものになる危険性をもっている。アリストテレスのやり方は、一般に通用している考え方や、傑出した思想家の考え方を検討するところから新しい概念を結晶させていくものである。もちろんこのやり方も、独断性を完全にふりはらうものではない。しかし少なくとも、お互いに話が通じ合わないことは避けられるであろう。彼の創始した概念が通用してきた背後には、そのような事情もあると思われる。

†徒弟時代

このように見ると、アリストテレスを理解するためには、彼の思想的背景をある程度理解する必要がありそうである。しかし、彼にいたるまでの哲学の歴史的展開をたどるだけでも、ゆうに一冊の本が必要になるだろう。ここでは、彼の生きた時代を中心にして見るにとどめなければならない。

彼の哲学的経歴は、プラトンの学園アカデメイアに入学したときから始まる。ときに前三六七年、アリストテレスはまだ十七歳であった。ギリシア東北部の町スタゲイラ（あるいはスタゲイロス）に生まれた彼が、はるばるアテナイのプラトンのもとまで学びに来たのは、何か特別な理由があってのことだと考えられる。彼の著作の断片に、コリントスの農夫がプラトンの『ゴルギアス』を読んで農業をやめ、プラトンに弟子入りしたという記述があることから、プラトンの著作を読んだことが彼を哲学に目覚めさせたのだという推測がなされているが、たしかにそれ以外の理由は考えにくいであろう。

プラトンとアリストテレスの関係については、彼らの違いを強調する見方が昔からあった。ディオゲネス・ラエルティオスに代表される古代の伝記作家が、センセーショナルなゴシップに飛びついたのは当然であるから、二人の仲たがいを喧伝するような話が彼らの絶好の材料となったのは驚くにあたらない。おそらくそのような伝統を背景にして、イタリア・ルネサンスの画家ラファエロ（一四八三―一五二〇）は『アテナイの学堂』で二人を並べて、プラトンは天を指さし、アリストテレスは手のひらを下に向けている姿で描いた。だがはたして、この二人の哲学者の間には、そのように対照的な違いがあったのであろうか。少なくとも、二人の対立の証拠として昔のゴシップ記事を引き合いに出すのは賢明なやり方とは言えない。

もちろん、両者の間に無視できない違いがあるのは事実である。もしもアリストテレスが、プラトンの考えを忠実に受け継いだだけの弟子であったなら、それほど重要な哲学者ともならなかったことだろう。しかし、両哲学者の相違を強調する先入見にとらわれずにアリストテレスを読んでいくなら、彼がプラトンの影響を、一見して思われる以上に深く受けていることを実感せずにはいられない。それは、彼がプラトンの死まで、約二十年間アカデメイアにとどまったことを考えれば当然のことだとも言えよう。

その影響が見えにくくなっているのは、アリストテレスの新たな概念や説明図式が目につくという外見の違いによるところも大きいと思われる。それは、彼の著作として現存しているものが講義録のたぐいであることとも無関係ではない。もし、今残っている著作が世に出ずに、彼がひとに読ませるために書いて公表した作品が残されていたとしたら、アリストテレスの印象は大きく異なるものとなっていたことであろう。

†遍歴時代

アリストテレスは、前三四七年プラトンの歿後《ぼつご》まもなくアテナイを離れ、小アジア西岸北部の、レスボス島からさほど遠くないアッソスという町におもむく。プラトンを継いでアカデメイアの学頭となったのは、プラトンの甥《おい》のスペウシッポス（前四〇七頃―前三三九）であった。そのことと、アリストテレスがアテナイを去ったこととの間にどのような関係があるのか、正確なことは分からない。もしかりに彼がプラトンの後継者に指名されていたなら、彼のその後の経歴はどうなっていたろうかというような想像を、現代のわれわれはしてしまいがちだが、それは彼のその後の活動からくる彼のイメージで考えるからであろう。いかにアカデメイアにおける彼の活躍が華々しかったとしても、そのとき彼はまだ三十代の青年であり、プラトンの学園を継承する可能性は考えられすらしなかったかもしれないのである。結果的には、ここから始まる彼の、いわば遍歴が、彼の思想を一回り以上スケールの大きなものにしたことは間違いない。

アッソスを治めていたヘルミアス（あるいはヘルメイアス）は、アカデメイアに学んだことがあり、アッソスに学校のようなものを開いていたと言われる。アリストテレスとヘルミアスとの親交の深さは、彼がヘルミアスの姪で養女のピュティアスと結婚したことからもうかがわれるし、ヘルミアスがペルシアにあざむかれて殺されたあとで、彼に寄せてアリストテレスが作ったとされる徳への讃歌も伝えられている。

アリストテレスがアッソスに滞在したのは二、三年のことであるが、その間とそれに続く数年の間に、彼は動物の研究に没頭したことが分かる。彼の動物学的著作の中には、アッソス近辺やレスボス島の地名があちこちに出てくることが確かめられているのである。その間に彼は、のちに自分の学校を継ぐことになる、レスボス島生まれのテオプラストスと出会ったと考えられている。

アリストテレスの動物に対する関心の大きさは、彼のとりわけユニークな点の一つである。もちろん、たとえばプラトンが他の動物についてまったく無関心だったというわけではない。しかし、プラトンに限らず、アリストテレス以外の哲学者が人間以外の動物について論じる場合には、動物そのものに対する興味というよりは、別の問題とのつながりで、たとえば人間と比較するために、動物のことを考えているのに対して、アリストテレスはさまざまな動物のあり方そのものを細かく具体的に調べ上げていく。これは並々ならぬ関心と言わざるをえない。

彼の父親ニコマコスは、マケドニア王アミュンタス三世（アレクサンドロス大王の祖父）

の侍医であったし、母パイスティスも医者の家系に属していたと伝えられる。ニコマコスは息子の成人するのを見届けることなく世を去ったが、アリストテレスが父の影響で、あるいは母からの感化で、動物や生命に深い関心をいだくようになったということは、大いにありそうなことである。

さて、アッソス、レスボス島に続く彼の行き先は、父とゆかりのマケドニアであった。前三四三年、当時のマケドニア王ピリッポス二世（前三八二―前三三六）が、王子アレクサンドロス（前三五六―前三二三）の教師としてアリストテレスを呼び寄せたのである。のちにペルシア帝国を滅ぼし、西はエジプトから東はインダス川流域まで版図におさめる大覇業をなしとげることになる若き王子（当時十三歳）と、後世の思想に二千年を超える影響をあたえることになる哲学者との、この出会いがどのようなものであったかは、誰しも興味をもつところであるが、アリストテレスが教育しようとしたと思われる目標と、アレクサンドロスがのちに行なったこととの間には大きな隔たりがあるということ以外は、あまり明らかとは言えない。

†巨匠時代

前三三六年にピリッポスが暗殺され、その王位を息子のアレクサンドロスが継いだあと、しばらくしてからアリストテレスは、再びアテナイに戻ることになる。彼が学んだアカデメイアは、スペウシッポスもすでに歿し、一緒にアッソスへおもむいた仲間のクセノクラテス（前三九五頃―前三一四）が学頭を継いでいた。アリストテレスは、その昔ソクラテスがよく若者たちと対話をかわしていた体操場のあるリュケイオンに、新たに学校を開いた。ここから、アリストテレス晩年の豊かな収穫の時期が始まる。

この学校がどのような性格のものであったかについて、学者の意見は必ずしも一致しない。しかし、彼がそこにかなりの蔵書を集めたとする伝承や、そこで生物の解剖も行なわれたと考えられることから見て、少なくとも何らかの建物を本拠とする学校であったろう。現代の大学のような組織を想像するなら時代錯誤となろうが、アカデメイアと同様に、教育だけでなく研究の場でもあったことは間違いない。古くからの施設のなかには屋根つきの遊歩道（ペリパトス）があり、彼がそこを歩きながら講義したという言い伝えから、彼の学派はペリパトス（逍遥《しょうよう》学派）という名前でも呼ばれるようになる。

アリストテレスの著作として伝えられるものが、かなりの部分は彼の講義録であったとすると、それはこの時期に書かれたと考えるのが自然である。しかし彼の著作のなかに、同じ著者の作品であるなら違った年代に書かれたとしか思えないものが混在しているのも事実である。したがって、彼の「著作」のなかには、彼がリュケイオンに学校を開く以前に書いたものが含まれていると考えないわけにはいかない。とくに動物学関係の著作は、研究が行なわれたのが彼のアッソス・レスボス時代であることが明らかなだけに、書物のかたちでまとめたのがリュケイオン時代であるとしても、それ以前に集めたデータを記録していたことは間違いないだろう。

また、アリストテレスが学校を開き、弟子をもっていたからこそできたと考えられる共同研究も行われていたことも見落としてはならない。一八九〇年、すでに発掘されていたパピュロスの中から、彼の失われた作品の一部と見られる断片が発見された。それは彼がおそらく弟子を動員して調べた一五八の国家体制とその歴史的変遷を記録した文書の最初の部分、つまり現在『アテナイ人の国制』として出版されている書物である。

この事例に限らず、アリストテレスがデータの収集や観察される事実を重視したことは、彼の研究スタイルの特徴ともなっている。その最大で最良の例は彼の動物研究であるが、それは研究対象と方法論がうまく適合した結果だと考えられる。あるいは、彼の方法論は実際にさまざまな動物を調査研究する過程でねり上げられたもので、この分野の研究に適しているのは、そのためであるのかもしれない。そのような方法論の問題も含めて、さまざまな問題について根本から考え直したことも、この時期の重要な仕事だったと思われる。

†晩年と死

さて、マケドニア王家とのつながりだけでなく、アレクサンドロスの臣下で、ギリシアを統治していたアンティパトロス（前三九八頃―前三一九）との親交もおそらく幸いして、順調な日々を送っていたアリストテレスにも、不運な晩年がおとずれる。前三二三年、アジア遠征中のアレクサンドロスが病死すると、アテナイの反マケドニア感情は解き放たれ、その鉾先はアリストテレスにも向けられた。かつてヘルミアスに寄せて作った徳への讃歌を理由として、不敬神の罪で告訴されたのである。

アテナイを去るにあたって彼は、「アテナイ人たちに哲学に対する二度目の罪をおかさせないように」と言ったという言い伝えがある。実際に彼がそう言ったかどうかは別にして、後世の人々がソクラテス（前四六九―前三九九）の場合を連想するのはまったく自然なことである。ソクラテスのときも、告発された罪状には不敬神が含まれ、背後には政治的な事情がからんでいた。アリストテレスの場合の違うところは、彼はアテナイ市民ではなかったので、留まって裁判を受けるという選択肢をとる必然性はなかったことである。

彼はリュケイオンの学校をテオプラストスにゆだね、母の生地エウボイアのカルキスに移り住んだ。しかし翌年、その地で病をえて六三歳の生涯をとじることになる。彼の師プラトンが八〇歳まで生きて、晩年まで著述を行なっていたことから考えると、まだまだ実り多い活動が期待される年齢の、早すぎる死と言えよう。しかし、彼が書き残した議論は、いったん再発見されてから後世の人々の考えを刺激しつづけ、四つの千年紀にまたがる長い生命をたもっているのである。

【第一章】

知への欲求

スフィンクス（コリントス博物館）

†人は誰でも知ることを求める

アリストテレスの代表的な作品として『形而上学《けいじじょうがく》』がある。彼の「著作」として残されたものがもともと講義録のような性格のものであり、興味深い経過をたどって世に出たと考えられることについては序章で述べたが、この作品も明らかに編集の手が加えられ、いくつかの部分から寄せ集められたものであることを疑う人は、今ではほとんどいない。その第一巻は、「人は誰でも生まれつき知ることを求める」という、印象的な言葉で始められている。この言葉は、『形而上学』という著作の最初の言葉として書かれたわけではないにしても、ある講義の最初におかれた言葉であることに疑問をさしはさむ必要はない。第一〜二章の内容を見ると、彼はそこで哲学の求める知とはどのようなものであるかを論じようとしていることが分かる。

哲学とは、よく知られているように、ギリシア語で「ピロソピアー（philosophia）」と呼ばれ、「知を愛し求めること」を意味した。アリストテレスは、どのような知を求めるべきかを論じるにあたって、まず最初に、知への欲求が人間に生まれついたものであることを述べているのである。この言葉は、知を愛し求めること、すなわち哲学という営みが、特異な能力をもった人や変わり者のすることではなく、人間として生まれた者なら誰にでも開かれていることを示している。哲学の専門家を自認する人は、往々にして哲学の特殊性を強調しがちであるが、アリストテレスの受けとめ方は、そんなエリート主義とは無縁のものである。

人間の知的好奇心は、われわれが感覚を好むことに現われていると彼は指摘する。感覚は明らかに、生きていくために必要な情報を私たちにあたえてくれる。しかし、そのような有用性がない場合でも、人間は見ないよりも見ることのほうを望むと彼は言うのである。たしかに、危険が予想される場合でも集まってくるヤジ馬の存在は、人間のそのような好奇心のようなものを認めなければ、とうてい理解できるものではない。われわれが生まれつき知りたがり屋であることを否定することは不可能であろう。

それでは、人間が生まれつきそのような知的好奇心をもっているなら、人間は誰でも哲学者であると言えるだろうか。哲学の看板をかかげる人のなかには、そういう主張をする人もいる。おそらくそのような言い方をする人は、多くの人に哲学に関心をもってもらいたいと思ってそう言うのであろう。しかしそれでは、ひとを哲学に導くことにもならないと思われる。自分が今のままで哲学者であるなら、誰がそのうえさらに哲学を追求しようと考えるであろうか。知を愛し求めるということは、日常経験に埋没してしまうことではなく、むしろ、そこから一歩ふみ出すことを必要とするのである。

そのような哲学の営みは、どこから始まるのであろうか。プラトンにならって、アリストテレスも、哲学が驚異の心から発すると言う。何か不思議に思うことがあってはじめて、それを知らずには落ち着かない気持ち、何が何でも知りたいという気持ちが芽ばえる。それは、自分が解決を目ざそうとする問題を意識するということでもある。そのような問題意識があってはじめて、知への欲求はかたちをもつことができるのである。

†経験と知識の違い

知を求めるといっても、知ることにはさまざまなかたちがある。アリストテレスは知るということを、いくつかの段階で区別している。まず感覚することも知ることであるが、これは動物であれば何にでもそなわっている能力であって、けっして人間だけのものではない。また動物のうちには、感覚内容を記憶できるものがあり、さらに同じ事柄の記憶が集まると経験を生み出すが、そのような意味での経験をもっている動物はきわめて少ないし、そのうえに知識や技術をもつのは人間だけであると言われる。

アリストテレスはここでは、記憶が集められて経験を生み出すように、経験が知識を生み出すと言うよりも、知識は経験を通じて人間たちに生ずるという言い方を選んでいる。経験と知識との、あるいは哲学の求める知との間の違いは、彼自身にとってもささいな問題ではなかった。経験は歳とともに増大するが、人間は年齢を重ねれば賢くなるとは必ずしも言えない。もしそうなるとしたら、われわれが賢くなるために必要なのは年齢だけであり、また逆に歳をとらなければ賢くなれないことになってしまおう。このことは、経験と知恵とが決定的に異なっていることを示しているように思われる。アリストテレスはその違いがどこにあると考えるのだろうか。

その違いは、実用的な効果にあるのではない。彼は医術を例にとって、経験なしに医術の説明を知っているだけの人より、経験のある素人のほうが有効な手当てをすることがあることを指摘する。彼は実用を離れても知ることを求めるのが人間の生まれつきの性分だと考えていることは、さきに見たが、今のこの指摘にも、知識は必ずしも実用性のために求められるものではないという考えが現われている。彼はじっさい、知ること自体のために求められる知のほうを、実用的な知よりも上位においているのである。このような態度は、ギリシアの哲学者に大なり小なり共通して見られる傾向の一つであるが、その中でもアリストテレスの場合は目立っている。

ところで、経験の豊富な人が実用的には適切な行動をなすことができるのは、行動にかかわってくる事柄が個別的（特殊）なものであり、経験の内容も個別的な事実の記憶の集積であるからだと説明される。自分の身体に、ある特定の症状が生じたときに、ある特定の治療法が効いたという記憶があれば、同じ症状が現われたときに同じやり方で治る可能性が高いであろう。それに対して、理論だけ知っていて経験の不足な医者は、個別的な症例を知らないために、医術の知識を特定の場合に応用することができないことがありうるのである。たとえば風邪をひいたときなど、以前と同じ症状であれば、その時の記憶が医者の処方よりもむしろ役に立つことは、私たちも経験できることである。

そのような経験の個別性は、知識に求められる普遍性（一般性）と対比されている。彼の説明によれば、普遍的であるとは同類のものすべてに当てはまるということである。実用的であるという観点からすれば経験より劣ることがあっても、普遍的にまとめて理解できたときこそむしろ「知っている」と言えるのである。病気の例で言えば、一つ一つの症例にそれぞれ処方を割り当てるのではなく、一つの病名のもとに生ずる症状を普遍的に理解して、系統だった治療法を考えるのが、知識（あるいは技術）であるということになろう（ただし、具体的な治療の場合には、個別的な事情を考慮しなければならないことを強調するのも、アリストテレスの重要な視点であることを見逃してはならない）。

また経験と対比される知識は、たんなる事実の知ではなく、「原因」や「原理」の知であるとも言われる。ここで原因と訳した「アイティアー」は、「なぜか」という言い方で言い換えられることもある。したがって、原因を知っていることは、たんなる事実だけではなく、その事実について「なぜそうであるか」を知っていることである。その原因の説明については、あとでくわしく見ることになるが、今の段階では、こういう事実があるというだけの情報とは区別される、こうだからこうなのだという説明の構造をもった情報の内容が、知識の高度なかたちと考えられていると理解しておくことができよう。

ここで原因と並べて言われている原理(アルケー)とは、もともと「はじめ」を意味する言葉である。複雑で多様な事実を説明するための出発点とできるような、単純な要素にまでさかのぼって理解できたとき、われわれはその事柄を知っていると言える。たんなる事実の知は、まだ説明されるべき余地を残しているのに対して、原因や原理の知は、その事実を説明するものである。私たちがあくまで知を追求しようとするなら、事実のレベルでたちどまるのではなく、事実を説明することへと向かわなければならない。

†明らかさには二通りある

それでは、説明するとはどういうことであろうか。アリストテレスは基本的に、明らかなことによって明らかでないことを説明するのでなければならないと考えている。しかしふつうは、説明されるべき事実のほうが先にあって、説明原理や原因より明らかなのではないだろうか。もちろん彼はそのことを認めるが、それには「われわれにとっては」とか、

「感覚のうえでは」とかいった限定がつけられる。

　われわれにとって明らかである（アリストテレスの原語は「分かりやすい」と訳したほうが直訳に近い言葉である）ということは、言いかえれば経験的な明らかさである。われわれが直接に見聞きできるような事実があることは、われわれがそれを経験することによって明らかだと言える。しかし何を明らかと考えるかは、それぞれの人によっても違うし、同じ人にとっても経験を重ねるに従って明らかなことは変わってくるであろう。たとえば、ある食べ物が美味しいということは、われわれにとって明らかな事実であるが、その判断は人によって、経験の違いによって異なるのである。また、知識が普遍的であることによって経験と区別されると言っても、われわれの経験そのもののうちに何らかの普遍性が含まれていることも、彼は見逃しているわけではない。

　アリストテレスによれば、われわれの認識は、経験的に明らかであることから、端的に（事柄自体として）あるいは自然本来的に明らかなことへと進むのが自然な順序であることになる。それでは、この事柄自体としての明らかさとは、どのようなものであるのか。これは、さきの原理・原因と事実との区別に対応させて理解することができる。彼によれば、立体より面が、面よりも線が、線よりも点が、事柄としては先である（原理であると言い換えることもできる）。しかし、認識の順序としては、われわれは物体を立体として認識し、それを構成するものとして面を、また面を構成するものとして線を、線を構成するものとして点を認識する、あるいは抽象的に理解するのである（抽象という概念もアリストテレスに由来するものだが、それについては後述する）。

しかし、抽象によって理解されたものが、どうして事柄として先であると言えるのだろうか。それは、説明の順序としては、点のほうが線よりも先に来ざるをえないからである。直線を定義しようとすれば、必ず最低限二つの点が存在することを前提しなければならない。直線や曲線を明確に理解するためには、それ以前に点を知っていなければならないのである。これは面と線、立体と面の関係についても同様である。

このことは、原因についても同じように言える。たとえば月蝕が起こることは経験から知りうる。もちろん、日没とともに寝てしまえば月蝕を直接に経験することはできないが、見た人にとっては月蝕という現象そのものの存在は明らかである。しかし、なぜ月蝕が起こるかは、経験的には少しも明らかでない。オカルト的な現象だと考えて恐れた人もいたことは容易に想像できる。月蝕が、月が地球の影のなかに入ることによって起こることは、アリストテレスの時代には少なくとも自然学的な教養のある人には理解されていた。原因が分かってみれば、原因のほうが事実を説明するものであり、その意味で、原因のほうが明らかだと言えるのである。

†経験のとらえ方

ここまで読んできて、アリストテレスが経験を否定的に評価していると見えるかもしれない。また、よく言われる「経験主義者アリストテレス」という形容と矛盾するアリストテレス像が描かれていると感じられるかもしれない。これらの疑問に対しては、二つの反問によって答えることができるだろう。一つは、アリストテレスを経験主義者と呼ぶのは正しい形容であるのかという問い、もう一つは、経験ということをどのような意味で理解すべきかという問いである。

あとの問いから考えてみよう。経験という概念がどういう内容をもっているかということに、最初から決まった、つまりア・プリオリな（すなわち経験に先立つ）答えはない。そうであるなら、経験という言葉の使い方は、正しいとか間違っているとか言うことはできず、適切な使い方か否かという区別しかできないであろう。適切でない使い方とは、その用法が他人に通じないという、言語使用上最低限の条件をみたさない場合か、そのような言葉づかいをすることが何のためにもならない場合であろう。

アリストテレスが経験を知識あるいは知恵と対比される概念として見ている、あるいは知の前段階の低い意義しか認めていないとしても、それが不適切な概念使用だと言えるであろうか。経験を重視する立場から、経験とはたんに受動的なものではなく、自分からのはたらきかけも含んだ全体としてとらえるべきだと主張されることがある。たしかに、われわれが経験をつむということは、たんに感覚情報を受け入れるだけの受け身の態度ではない。しかしそのことは、経験と知識の間に大きな差はないということを意味するのであろうか。経験をつむ際にわれわれが意識しなくてもさまざまなはたらきかけを行なうこと、意識的な知の探求とを区別することは、けっして意義のないことではない。

アリストテレスは、たんなる感覚よりも、あるいは個別の記憶と比較しても、経験のほうが知であると言えることは認めている。したがって、経験を知識との比較で低く評価したからといって、経験の意義を否定していることにはならない。彼が知識ないしは知恵を経験と対比する必要があったのは、哲学の求める知は何かという問題意識があったからである。どんな極端な論者でも、人間が誰でも経験をもっているということを否定しないであろう。しかし、誰でも経験をもっているのに、誰もが知恵をもっているとは言えない。すべてのことが経験によって知られるなら、わざわざ知を求める必要などないのである。

次に、アリストテレスを経験主義者と呼ぶことは、何かの役にたつのであろうか。これは、さきにも言ったように、ほかの形容にも共通して言えることであるが、私たちは何らかのレッテルをはりつけることによってその哲学者や思想を理解したかのように感じて安心してしまう傾向がある。しかし、アリストテレスを経験主義者と呼ぶことができるのは、彼の哲学がどのような特徴をもっているからなのかを理解することが重要なのであって、それを理解しさえすれば、レッテルをはるかはらないかなどはどうでもいいことである。

†データ収集の意義

呼び方にこだわることはやめにして、経験主義的と表現することができる彼の特徴は、どこにあるのだろうか。それは主として彼の方法論にかかわっているように見える。もちろん、経験主義という形容は、すべての概念が感覚から由来すると考える認識論上の立場につけられるものであるが、彼の立場がそれに当たるかどうかは議論の分かれるところである。概念の獲得に感覚が必要条件とされると主張されるからといって、感覚がすべての概念の独占的な源泉であると主張されていることにはならないのである。ここでは方法論の側面から考察してみよう。

彼の先生であったプラトンも、知や探求のあり方について考えをめぐらした。アリストテレスの方法論に、その師の見方を継承するものが含まれていることは確かである。たとえば、彼が動物を分類する場合のように、物事を類―種関係で整理しようとする見方は、プラトンの「分割法」と呼ばれる考察法に起源をもっていることは疑いない。しかしアリストテレスは、あとから来た者の有利さを生かして、もっと広く適用できるように、方法論を考えようとしたように思われる。少なくとも、彼は探求の方法が独立の問題としても考えられるべきであることを、はっきりと意識している。そのことは、彼の論理学上の仕事を見るときに明らかになるであろう。

彼がプラトンやアカデメイアの人々の考察法に対して自分の方法論を意識的に対比するとき、彼らの方法は「議論による」やり方として批判される。それと対比されるのは「自然本来のあり方に即した」考察法であるが、その表現が意味しているのは、観察によってえられるデータを重視するやり方である。アリストテレスが議論を軽視しているとはけっして言えないが、データを無視するような議論は無効であると考えるのである。

この考え方は、彼が動物について実証的な調査をしたことと結びつけて理解することができるであろう。議論だけで片づけようとする態度は、既知のことを前提とするために、実際に調べてみないと分からないことを見のがしてしまうことにつながるのである。たとえば彼はクジラを「有肺有血動物」として陸上のけものと同類のものとして分類しているが、彼の行なったような調査をしなければ「水中動物」というような分類の仕方によって魚と同類にされてしまうことは、歴史に照らして明らかである。

彼のデータ重視は、動物学のような自然研究においては当然のやり方であると思われるであろう。しかし彼は、自然学以外の分野でも、調査によって資料を集めている。たとえば、序章で紹介した『アテナイ人の国制』は、政治学的な研究においても彼がデータを重視していたことの証拠である。彼のこのやり方は、考察法にも反映されている。彼はそれぞれの分野の基本的な問題を考えるときに、まずその問題に対するいろいろな見解を列挙して検討するという方法を提唱し、実行してもいるのである。そのためにはまず、さまざまな見解を集める必要があったであろう。彼は大変な読書家であったと伝えられ、リュケイオンの学校に、図書館と呼べるほどのものかどうかは疑わしいが、蔵書をそなえていたことは、さきに述べたとおりである。

しかし、人々の見解も、国家体制の実例も、その調査によって問題への解答が直接えられるというようなものではない。実際に人々がつくる国家の実例は、国家というものが直面する問題を明らかに示してくれるという利点は考えられるが、国家の理想的なかたちを示してくれるわけではない。人々の見解は、たがいに矛盾対立するところがあって、ただそれらを比較して見るだけでは、思考の混乱におちいってしまう可能性がある。

したがって、アリストテレスがデータを収集する場合には、そのデータによって、自然世界に関する事実や理論を確証する場合と、さまざまな問題について考える手がかりをえようとする場合との、少なくとも二つの場合が区別されなければならない。前者には経験主義と呼ばれる立場との共通性が認められるが、後者のうちには経験主義という言葉で片づけられないものが含まれている。彼が人々の見解を検討することは、単純にそこから結論をひき出す手続きではなく、いわば彼の流儀における対話（問答）を行なっているのだと考えられるであろう。じっさい、あとで見るように、人々の見解の検討は、アリストテレスの呼び方でも「問答法的推論」のやり方のなかに位置づけられているのである。

†観想知と実践知・製作知

アリストテレスが「人は誰でも生まれつき知ることを求める」と言ったのは、哲学すなわち知を求めるという行為がけっして特殊なものではないと彼が考えていたことの現われだと最初に述べたが、もちろん彼は哲学の特殊性を主張する人を念頭において言ったわけではない。むしろ知を求めるということは、彼にとってあまりにも自然なことであったのである。ただ、どういう知を求めるべきかということが問題なのであった。

彼の師プラトンは、ただ見ることを求めるのが哲学者であるならば、見物好きの人たちはすべて哲学者であることになろうと言って、本当の哲学者は「真実を観ることを愛する人」だと規定したが、アリストテレスが認識の段階的な区別をつけながら、哲学の求める知を規定しようとしたのも、それと同じような見方だと言える。しかし、何を「真実」と考えるかという点で彼は師とまったく同じ考えをもつことはなかったし、認識の間の区別を細かく考えていこうとする思考方法も、彼独自のものである。

彼の区別は、感覚と経験、経験と知の間にだけ考えられているわけではなく、経験と対比されるような知の間にも区別がつけられている。知識や技術としてなりたっているものは、すべて当の事柄を普遍的にまとめて理解している点で、個別的事実にかかわる経験とは一線を画される。それに対して、多くの技術者の仕事を統括する者（大工の棟梁にあたる人）は、その仕事が何のためになされるかを知っているという意味で、原因・原理を知っているので、知としてはより高い地位にある。しかし、棟梁の技術もものを作る技術であり、実用に奉仕するものであるのに対して、ただ知ることだけが求められるような知は、実用なしに求められる点で、もっと知恵の資格をそなえているのである。

知ること自体に意義があるような知は、観想的な（theoretike）知とも呼ばれる。「観想＝テオーリアー（theoria）」とは、観ること（theorein）そのものを意味し、日常語としては「見物」という意味にもなる。アリストテレスは、いくつかの箇所で、観想的な知を製作知（ものを作る技術知）や実践知（行為に必要な知）から区別している（そして観想知は、第一哲学、自然学、数学に分類される）。この観想知だけが「他の仕方ではありえない（必然的な）もの」をあつかい、あとの二者は「他の仕方でもありうるもの」をあつかうということが、中心的な区別である。したがって、観想知は厳密なものとなりうるが、製作も実践も、扱う相手によって事情が変わるために、すべての場合に当てはまる厳密な知は望めないことになる。

このような区別は、プラトンが構想した全体的な知への希求としての哲学を、問題領域ごとに分断してしまうように見える。アリストテレスは、問題の統一的な解決を目ざすよりはむしろ、区別や分割を通じて問題を整理しながら解決していく道を選んだ。しかし、そうであるなら、おそらく彼をはるばるアテナイのプラトンのもとまで連れていった問題、すなわちアリストテレスの学問分類で言えば実践知に関わる問題は、彼の知の探求のなかでどのように位置づけられることになるのだろうか。製作知と同様に低い意義しかもたないものとして片づけられるのか、それとも何らかの仕方で観想知との統一がはかられるのだろうか。この問題は、倫理学の文脈のなかで、あらためて検討しなければならない。

さて、プラトンに劣らずアリストテレスにとっても、知を求める営みとしての哲学は、やむにやまれぬ知への欲求に根ざしていたのであるが、二人の問題意識がまったく同じではなかったのは、別々の人格であるいじょう、当然のことでもあろう。だが、そのおかげでわれわれは、両者二通りのすぐれた考察法を学ぶことができるのである。

【第二章】
論理学の誕生

物思いにふけるアテナ(アテネ、アクロポリス博物館)

†論理と論理学の間に

アリストテレスの探求が、やむにやまれぬ知への欲求に根ざしていたことは疑いないが、知への欲求があるというだけでは、哲学と呼ぶのはためらわれる。いわば内容のある考察をするためには、ぼんやりした疑問をもっているだけでは十分ではなく、問題がはっきりしたかたちで考えられなければならない。だが、それだけではなく、問題を深く追求しようとすると、どういう考察法をとればいいかについても考えなければならなくなろう。

アリストテレスは、知の探求にはどのような手続きが必要であるかを、ひじょうに自覚的に考えた人である。その結果生まれたのが、歴史上はじめて人類が手にした形式論理学であった。彼の論理学は、史上最初のものに似つかわしくないほど、整った内容をもっている。中世になって、スコラ哲学者たちによって細部がさらに整備されたが、中心的なところはアリストテレス自身の創始した考えが受け継がれたものであった。この論理学が論理学の全体ではないということが、そして全体の中でどのような位置を占めているのかが、よく理解されるようになったのは、ようやく二十世紀に入ってからのことである。

彼が論理学のことを「知の獲得法」とも呼んでいることは、論理的に考えなければ知に到達することはできないと考えていたことを物語っている。われわれは他人の議論を批判して「論理的でない」と言うことがあるが、同じ批判の眼は、自分自身の思考にも向けられなければならない。知らずしらずに論理的でない思考をしていながら、それに気づかないでいるとしたら、知の獲得などおぼつかないことになろう。彼の論理学は、他人の批判よりもむしろ自分の思考のための方法として構想されているのである。哲学的思考が、自らの根拠をも問うことができるところに特長があると考えるなら、彼の論理学の意義づけは、優れて哲学的であると言えよう。

もちろん、論理学がなくても論理的に考えることはできる。アリストテレス以前の人々が論理的に考えることができなかったなどということはけっしてない。しかし、論理的に考えることができるということは、論理的に考えない可能性と背中合わせである。古代ギリシア人は、明らかに論理的誤りを含む議論としての詭弁《きべん》を楽しむこともできた人々であったが、そのような議論ができることは、論理的でない考えの可能性を明らかにしている。そのことを真剣に受けとめれば、論理的であるか否か（論理的に正しいか否か）を区別する必要が出てくる。

論理的に考えるということと、論理的であるか否かを考えることとは、けっして同じではない。われわれが何について考えるときでも、その考えは論理的であることも論理的でないこともありうるが、自分の考えが論理的か否かということまでは考えないのが普通である。それに対して、自分の考えにせよ他人の考えにせよ、論理的であるとか論理的でないとか考えるときには、ふだんとは違った視点から見ている。この視点は「メタ論理」と呼ばれている（この「メタ」という概念は、アリストテレスの創始した概念ではないが、後に述べるように、興味深い事情によって彼と結びついている）。

それでは、メタ論理の視点があれば論理学ができるのであろうか。ある議論が論理的に正しいか否かと問う問題意識は、メタ論理的な視点に立っているが、それは彼の先人たちにも認められるし、とりわけプラトンの場合は顕著であった。しかし、プラトンはそのような問題意識を論理学という形にまとめることはしていない。アリストテレスはメタ論理的な視点においても師から学ぶことが少なくなかったことであろうが、それにもかかわらず、最初に論理学を作ったのはアリストテレスであるという事実にかわりはない。

彼が論理学を創始したという事実がもっている意義を理解しようとするなら、メタ論理的な視点から論理学の成立までの間に、何が必要であったのかを理解する必要があるだろう。それは何か特別な洞察力によるものだったのか。それとも、ねばり強い考察の積み重ねによる成果だったのだろうか。それを考えるためにも、彼の論理学の内容を見てみなければならない。

†名辞と命題

アリストテレスの論理学は、日本では三段論法という呼び方で親しまれてきた。「三段論法」のもとになったギリシア語はシュロギスモス（syllogismos）という言葉で、三段という意味は含まれていない。彼自身の説明によれば、複数の事柄（前提）から、その事柄がその事柄であることによって（前提そのものの内容によって）別の事柄（結論）が帰結することであり、普通に訳せば「推論」である。二つの前提から一つの結論を導くのが最も普通のかたちであることから「三段」論法と意訳されたのであろう。

前提や結論になるのは「命題」であるが、彼の論理学では、命題は二つの名辞の組み合わせによって作られる。まずは具体的な例で見てみよう。

すべての動物は死ぬものである。これは命題の例だが、この場合、「動物」と「死ぬもの」が名辞である。そしてそれらは「……は……である」という言葉で結びつけられ、動物には「すべての」という限定がついている。

アリストテレスの論理学では、限定は「すべての」と「ある」の二種類に限られ、名辞の組み合わせ方は「……は……である」と「……は……でない」の二通りに区別される。それらを一緒にすれば、四通りの命題ができることになる。

すべてのSはPである。（全称肯定命題）
あるSはPである。（特称肯定命題）
すべてのSはPでない。（全称否定命題）
あるSはPでない。（特称否定命題）

（　）の中に付記したのは、そのタイプの命題の一般的な呼び方である。

ここでは命題のタイプを区別するために、名辞をアルファベットで表わしたが、これはアリストテレス自身が始めたやり方だということは、強調しておく必要がある。「すべてのSはPである」と言うことによって、SやPにはどんな名辞を代入してもかまわないということを意味している。すなわちSやPは、数学でxやyが「変数」として使われるような仕方で用いられているのである。

数学の歴史においては、変数が使用されることになって演算の可能性が飛躍的に増大したが、アリストテレスによる名辞のアルファベット表記（論理学の用語では「変項」の導入）は実質的にその変数の導入と同じことをしたことになるという指摘が、現代の論理学者によってなされている。昔の数学者もアリストテレス論理学を知っていたと思われるのに、それが変数の導入にただちに結びつかなかったのは、表記法を知っているということと、それがどういう意義をもっているかを理解することとは同じでないからであろう。

それでは、名辞のアルファベット表記はどのような意義をもっていたのだろうか。どうやら数学の変数の場合とまったく類比的に考えるわけにはいかないように思われる。アリストテレス論理学の推論は、方程式の計算になぞらえられるような手続きではないし、SとPが関数によって関係づけられているわけでもない。この表記の画期的なところはむしろ、命題を「動物」とか「死ぬもの」とかいった具体的な内容にとらわれずに抽象化できるようにしたことにある。それによって、個々の具体的な命題ではなく、命題のタイプを考えることができるようになったということである。

そのように見ると、名辞のアルファベット表記は、たんなる演算上の技術的な革新よりももっと根本的な、「形式論理学」の成立そのものを可能にする工夫であったと言えるであろう。抽象化することなしに形式化することはできないからである。

†命題と推論

アリストテレスの論理学が一つの形式論理学であるということは、その論理学の中で、推論の正しさ（妥当性）が命題の内容（具体的な名辞）とは独立に決められるということである。これも、例を通じて考えてみよう。

すべてのMはPである。(大前提)
すべてのSはMである。(小前提)
∴すべてのSはPである。(結論)

これは、この論理学のなかで最も分かりやすい推論のかたちであろう。具体的には、Sに「人間」を、Mに「動物」を、Pに「死ぬもの」を代入してやれば、典型的な例ができあがる。

すべての動物は死ぬものである。
すべての人間は動物である。
∴すべての人間は死ぬものである。

論理学になじみのうすい人は、アルファベット表記のかたちよりも、こちらのほうが分かりやすいと感じるであろう。しかし、具体的な内容が変われば、その印象も変わるかもしれない。

すべての音楽家は芸術を愛する者である。
すべての作曲家は音楽家である。
∴すべての作曲家は芸術を愛する者である。

この推論が正しいか否かを問われれば、直前の例ほどにはすべての人の答えは一致しないであろう。しかし、形式的にはまったく同じ推論であることは、それぞれの名辞にアルファベットを当てはめてみれば分かることである。

あとの例が正しくないと思う人は、結論に目をつけて、芸術を愛するからではなく生活のために作曲している人もいるだろうと考えているのかもしれない。しかし、その理由で結論が偽となるなら、前提のどちらかが偽であるはずなのである。音楽家が芸術を愛する者だというのが真であるなら、生活のためだけに作曲する人は音楽家ではないのであり、作曲家はすべて音楽家だというのが真なら、芸術のために作曲しない音楽家がいるということは、すべての音楽家が芸術を愛するというのが偽だということになるのである。

今の例が明らかにしているのは、それぞれの命題の真・偽と、推論の妥当性（正しさ）

とは同じでないということである。前提が二つとも真で結論も真であるからといって、推論が妥当であるとは限らない。しかし、推論が妥当であるならば、前提が二つとも真であれば結論は必ず真となるが、前提の少なくとも一方が偽であれば結論は真であるとは限らない。逆に、妥当な推論の結論が偽であるなら、前提の一方が必ず偽である。

すべての命題が真だが推論が正しくない場合の、うっかり間違えかねない例をあげよう。

すべての人間は動物である。
すべての人間は哺乳類である。
∴すべての哺乳類は動物である。

両前提も結論もすべて真であるが、推論としては妥当でない。不注意に妥当と見なす人は、おそらく命題の内容に影響されて、推論の形式に注意を向けていないのであろう。

†妥当な推論式

今の例からも、どのような推理の形式でも妥当になるわけではないことが分かる。それをアルファベット表記で書くと、次のようになる。

すべてのMはPである。（大前提）
すべてのMはSである。（小前提）
∴すべてのSはPである。（結論）

さきに最も分かりやすいと言った推論のかたちと比べると、小前提の名辞が入れ替わっているのが分かる。すなわち、推論の形式は、命題のタイプの組み合わせによっても変化するであろうが、名辞の順序によっても変わるのである。

二つの前提に共通の名辞（M：中名辞）が含まれていることは、推論が成り立つための必要条件である。もしもそういう名辞がなかったら、大前提と小前提はまったく無関係な命題となって、結論を導くことはできない。したがって、結論の主語（S：小名辞）と述語（P：大名辞）を固定すれば、大前提（大名辞と中名辞）と小前提（小名辞と中名辞）の名辞の順番の組み合わせは、次の四通りとなる。

M—P
S—M
S—P
第Ⅰ格

P—M
S—M
S—P
第Ⅱ格

M—P
M—S
S—P
第Ⅲ格

P—M
M—S
S—P
第Ⅳ格

アリストテレスは、実質的に第Ⅳ格を独立の形式と認めなかったので、正式にあつかっているのは、最初の三つである。

さらに、これらの名辞の順序のそれぞれに四つの命題のタイプを当てはめると、推論のかたち（推論式）の可能性は三桁にふえる。その中から妥当な推論式を選びだすことが、彼の仕事であった。彼は当然のことながら、最も明らかな場合から始める。それが最初にあげた例である。ここから先は、簡便さのために、中世に由来する表記法で命題のタイプを表わすことにする。それに従うと、さきの例は次のように表記できる。

MaP、SaM　∴SaP（第Ⅰ格第1式）

この場合に、aは全称肯定命題を表わしており、特称肯定命題はiで表わされる（ラテン語のaffirmoの最初の二つの母音）。全称否定命題はe、特称否定命題はo（ラテン語の

nego の母音）で表わされる。

すべてのSはPである。∴SaP　あるSはPである。∴SiP
すべてのSはPでない。∴SeP　あるSはPでない。∴SoP

これらの表記を用いて、第Ⅰ格第1式と同等の明らかさをもっていると彼が見なしている推論式を表わすと、次のようになる。

MeP、SaM　∴SeP（第Ⅰ格第2式）

普通の命題形式での表現は、自分で言い直してみれば、理解しやすくなるであろう。アリストテレスが妥当な推論式を選びだすにあたって、どんな方法を用いたのかは、あまり明らかではない。われわれに残されているのは、彼の考察のプロセスではなく成果である。しかし成果を述べる彼の言葉から、そこにいたる過程を推測することは不可能ではない。今の第Ⅰ格第2式の妥当性を述べたあとで、これと似ているが妥当でない例に言及する。

MaP、SeM ∴SeP

この例について彼は、前提がなりたつ場合には、すべてのSがPでない（SeP）ことも、すべてのSがPである（SaP）・こともあると指摘している。この指摘は、これら二つに対する矛盾命題（SiPとSoP）も結論となることはできないということを同時に含意しているので、いかなる結論も導かないということの十分な説明となっている。

このような説明の仕方は、彼が妥当な推論式を識別するために使った方法を推測させる。すなわち、彼は問題の推論式がいつでも同じ結論を導き出すかどうかを、ねばり強く調べたのだと想像される。場合分けを間違いなく行なえば、そういう結論が出ない場合があるか否かは、丹念に調べていくことによって見定めがつくであろう。アリストテレスは、他の問題の探求にあたっても調査を重んじ、調査によってデータを集めたが、おそらく論理学講義のためにも、さまざまな場合について調べた記録が（彼の頭の中にであれ、メモとしてであれ）あったのではないかと想像される。

†妥当性の証明

このように見ると、論理学は労力を積み重ねさえすれば生まれるものだと思われるかもしれない。しかし、どういう作業をするかは、今の例で言うと、どのように場合分けして考えたらいいかは、たんに労力を使うことだけでは知られないだろう。

アリストテレスの思考の特長の一つは、可能性を列挙して考えるところにある。たとえば、ある問題を考えようとするとき、彼はその問題について出されている見解を列挙して検討していく。また、何らかの概念を確定しようとするときには、それに関連深い言葉がもっている可能な意味を列挙し、その意味の間の連関を考える場合もある。彼のそのような発想と、それにもとづいた思考が、推論の妥当性の見きわめに必要な場合分けを見通す能力をはぐくんだと言えよう。

論理学の問題との関係で言うと、しかしながら、たんなる場合分けによる検討だけではできない仕事を、彼はなしとげている。それは、彼が推論の妥当性の証明に用いている手続きである。ここでは、そのうちから、いわゆる「還元」のやり方を見ておこう。

結論の主語（小名辞：S）が小前提の主語の位置にあり、結論の述語（大名辞：P）が大前提の述語の位置にある推論式は、伝統的に「第Ⅰ格」と呼ばれ、四つの妥当な推論式があるが、アリストテレスは、これらを（おそらく「自明な」というほどの意味で）「完全な」推論式と呼んでいる。還元の手続きとは、第Ⅰ格以外の妥当な推論式の妥当性を、第Ⅰ格

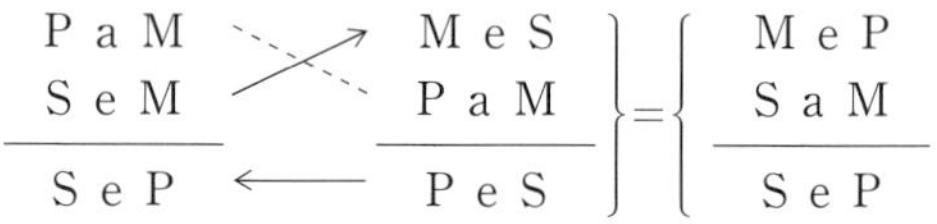

〔第II格２式〕　〔第Ｉ格２式〕

の妥当な推論式によって説明するやり方である。

典型的な例として、第II格２式の妥当性が、第Ｉ格２式によって説明される場合を見てみよう（上図参照）。

この説明で重要な役割を果たしているのは、全称否定命題は（また特称肯定命題も）「換位」できる（主語にあたる名辞と述語に当たる名辞を入れ換えても真偽が変わらない）という規則である。すなわち、すべてのＳがＰでない（ＳｅＰ）なら、すべてのＰがＳでない（ＰｅＳ）とも言えるということである。これに従って、ＳｅＭをＭｅＳで置きかえてやり、もう一つの前提ＰａＭと組み合わせれば（図では、分かりやすさのために前提の順番を入れかえている）、第Ｉ格２式とまったく同じ推論形式でＰｅＳが結論づけられる。そしてこれは全称否定命題であるので、換位して、ＳｅＰが結論となるのである。

結局、第II格２式の妥当性は、すでに確立されている第Ｉ格２式の妥当性に、換位の規則を二回適用することによって説明されたことになる（言いかえれば、第II格２式の妥当性を第Ｉ格２式の妥当性に還元したということである)。換位の規則もまた、どの命題は換位できて、どの命題はできないかを、場合分けの発想で調べることによって確証されたのだろうと想像してもいいかもしれない。もちろん全称否定命題の場合は、Sであると同時にPでもあるものが一つもないという事態だということが理解できれば、SとPが置き換えられるということは簡単に納得できよう。アリストテレスの独創的なところは、それを一つの規則のようにあつかって、還元の手続きの中に利用するという着想だったと思われる。

換位を一つの規則と考えることが、ある種の抽象的な思考を必要とすることは、たとえば次のような例を考えれば理解できるであろう。あるレストランに「美味しい料理は安くない。安い料理は美味しくない」という意味の貼り紙がしてあったという。これは(貼り紙を出したオーナーの意図を察して)「すべての」という言葉をおぎなってやれば、(全称命題の換位したかたちになるので)論理的には等値(一方が真なら他方も真、一方が偽なら他方も偽)である。しかし私たちは、文の前半を読めば、高くて美味しい料理を想像するし、後半を読めば、まずくて安い料理を思い浮かべる(そしてそのことによって、高くてまずい料理や、安くて美味しい料理を、知らないうちに可能性から除外している――それがこの広告の目ざす効果であろう)。

日常的な思考、日常的な言語は、今の例のように、具体的なイメージをともないながら行なわれ使用されている。しかし論理学は、具体的なイメージをかっこに入れて、当の文が指している事態を表わす命題の形式を問題にするのである（必ずしも文の形式を問題にするわけではない）。名辞をアルファベットで表記したのも、このような抽象化・形式化を容易にするためであったのである。

†アリストテレス論理学の位置づけ

アリストテレスの論理学は、歴史的に見れば圧倒的に長い期間にわたって、唯一の論理学であるかのように考えられていた。しかし現在では、論理学に対する見通しそのものが開けたことによって、論理学の一部にすぎないということが分かっている。この論理学がどのような一部なのか、その特徴はどこにあるのかを、最後に見ておきたい。

さきに見た還元による証明の例は、SeM（q）からMeS（s）が導かれ、MeSとPaM（p）からPeS（t）が導かれ、PeSからSeP（r）が導かれるということをもとにして、PaMとSeMからSePが導かれるということを証明するものであった。それぞれの命題を（　）に入れた記号で置きかえると、次のような推論をしたのと同様であることになる。

qならばs、pかつsならばt、tならばr　∴pかつqならばr

この推論が妥当であるか否かは、アリストテレスの論理学によっては証明されない。それを証明するためには、別のタイプの論理学（あるいは論理学の別の部門）が必要である。アリストテレス論理学が論理学全体ではないということは、このことから理解できよう。

右に書いた推論のかたちは、命題論理と呼ばれるタイプの推論である。pとかqという記号によって表わされているのは（SePのSやPが名辞を示すのとは違って）SePやPaMといった命題である。彼は、命題論理的な推論を正しく行なってはいるが、命題論理学を打ち立てることはしなかった。これは論理学がなくても論理的に正しく考えたり論じたりできるということの実例でもあるが、論理的に考えることと論理学を作ることとの間にある距離を思い知らせてもくれる。

命題論理学に対して、アリストテレスの論理学は名辞論理学と呼ばれる。彼の論理学の証明で用いられている推論の妥当性は命題論理学によらなければ証明できないので、命題論理学の方がより基本的で重要だと指摘される。たしかにその面から見ればその通りだが、命題論理学は、推論の妥当性を考えるとき命題のレベルまでしか分析しないのに対して、名辞論理学は命題を構成している名辞にまで分析を及ぼしているという点から見れば、名辞論理学の方が基本的であると言うこともできる。

ただし、そうであるとしても、アリストテレスがあつかった命題が特殊なものに限られているという指摘について考慮しなければならない。彼の論理学に出てくる命題は、さきに見たように、四種類だけであった。たとえば「ソクラテスは人間である」という命題は(それが命題であるということは認められているが)三段推論式の理論の中ではあつかわれていない。また、「AはBよりもPである」というような比較や、一般に関係を表わす命題も、彼の論理学ではあつかうことができない。

関係を表わす命題を組み合わせた推論も、もちろん可能である。たとえば「AはBよりも背が高い。BはCよりも背が高い。∴AはCよりも背が高い」という推論は、アリストテレス的推論の第I格1式と同じくらい自明と思われるだろう。しかし「AはBの父である。BはCの父である。∴AはCの父である」とは言えないことは、内容から明らかである。つまり、関係を表わす命題の組み合わせによる推論の妥当性は、それがどのような関係であるかに左右される。そのことを考えると、アリストテレスが関係推理を形式論理学の範囲に含めなかったのは、無理もないことに思われる。

†存在含意の問題

彼の論理学が現代の立場から論難されるもう一つの点として、「存在含意（existential import）」の問題がある。「すべてのSがPである」という命題は、現代の論理学では、Sがまったく存在しない場合には真である。たとえば「すべての合格者は六割以上の正答率である」という合否基準を真と定めた場合、合格者がゼロになってもこの基準が偽となったとは考えられない。しかしアリストテレス論理学では、「すべてのSがPであれば、あるPはSである」と言われるので、「すべてのSがPである」という命題では、Sが存在することが暗黙に了解されている（そうでなければ「あるPはSである〔＝SであるPが存在する〕」と言うことはできない）。

現代の論理学者が批判するのは、このように存在含意を認める論理学では、それぞれの名辞が指すものが存在しない場合が無視されるという点である。しかし現代の論理学にまったく不都合な点がないと言えるかどうかということになると話は別である。たとえば、合格者がいない場合には「すべての合格者はドラキュラである」という命題を真としなければならないのは不自然だと感じる人もいるであろう。このような不自然さは、現代論理学の機能性の代償なのである。

アリストテレス自身の命題の表記法を見ると、存在含意はまったく自然なものに思える。じつは彼は、これまで私たちにとって分かりやすいかたちで「すべてのSがPである」と表記してきた命題を「Pがすべての S に属する」というかたちで書き表わしているのである。これは、SやPが最初から存在するものと前提して、その間の関係を表わすのに適した書き方だと言える。このことは、彼が「人間」とか「三角形」といった、実際に研究の対象とすることができるものの間の関係を扱う論理を考えたからだと考えれば納得できるであろう。

アリストテレスの論理学は、現代の立場から見れば不足が目につくにしても、歴史上最初の論理学としては、驚くほど完成度の高いものであった。それがほかのタイプではなく、これまで見てきたようなタイプの論理学であったのは、彼の現実のとらえ方や、事柄の整理の仕方と関係しているように思われる。次の章でその一部を見るように、彼のさまざまな思考法を前にすると、形式論理学は、彼の豊かな考察のほんの上澄みにすぎないと言えるであろう。

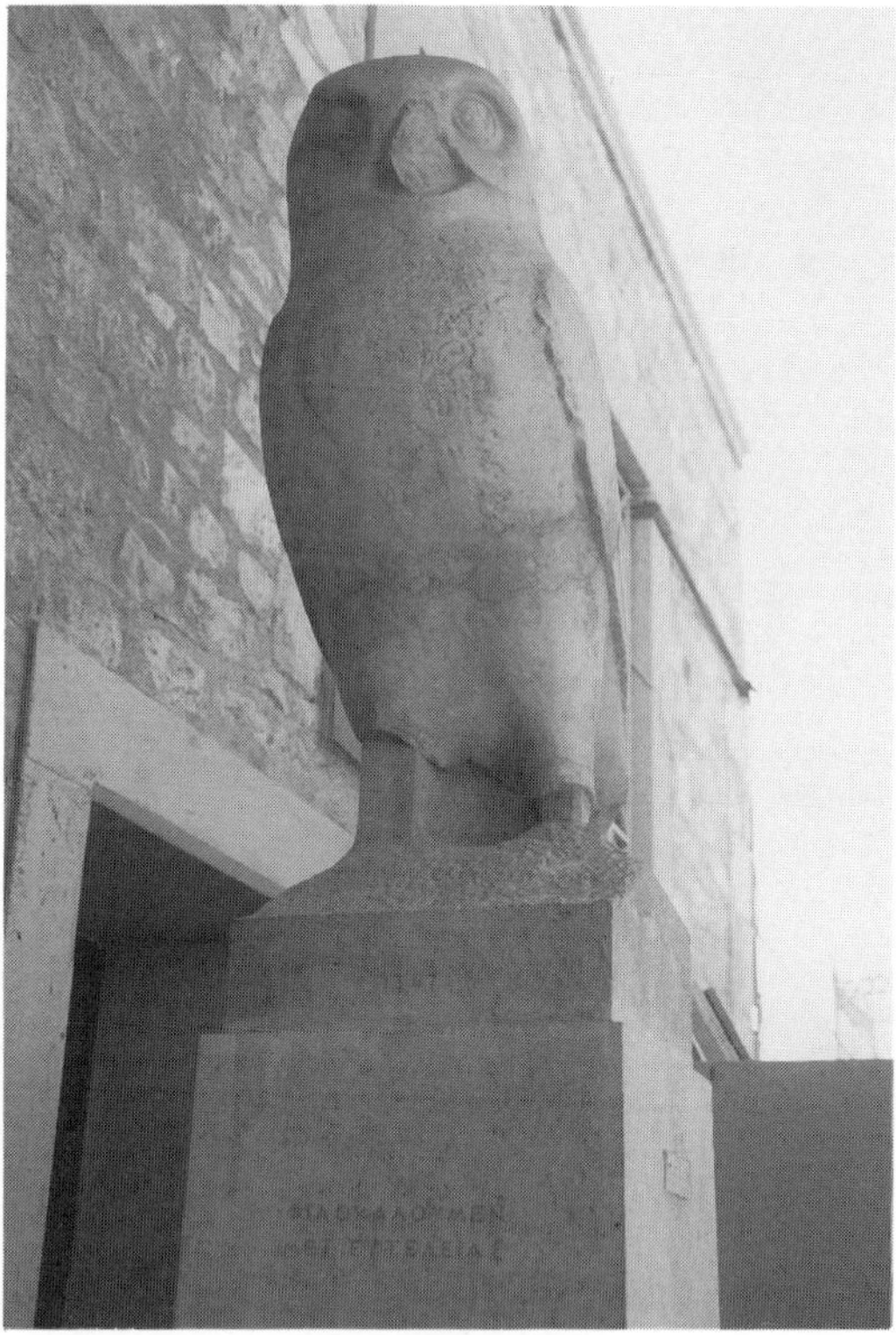

【第三章】
知の方法

アテナの使い「フクロウ」(アテネ、アクロポリス博物館)

†論証と問答法的推論

アリストテレスの論理学が、その基礎となるさまざまな考察にささえられていたことは疑いない。形式論理学が彼の思考の上澄みだと言ったのは、その意味においてであった。彼が歴史上最初の、それでいて完成度の高い論理学を生みだすことができたのも、そのような基礎的な作業をおこたらなかったからだと言えよう。

もちろん私たちは、新しい論理学を作らなければならない立場にはない。すでに出来上がった論理学を利用することができるのである。だが、論理学を私たち自身の思考や、知の獲得に役立つものとするためには、既成の論理学の体系を学ぶだけでなく、もっと基本的なものの見方、考え方の訓練も必要になるのではないだろうか。

たしかに、形式論理学の分野でアリストテレスが挙げた業績は、すでに現代の論理学者によって分析され、論理学全体の中に組み込まれている。だから現代ではアリストテレスの論理学から学ぶものは一つもないのだと言う人がいるのも、少しも不思議なことではない。しかしながら、アリストテレスの重要性が形式論理学の仕事だけにあると考えるならば、彼の基礎的な考察の意義を見失うことになろう。

彼自身は、論理的な議論や思考が形式論理だけに限られるとは考えない。何らかの事柄を出発点として結論を導く論理的な手続きは、推論（syllogismos）と呼ばれるが、彼は推論を三つに分ける。一つは、学問的で厳密な「論証」と呼ばれるもの、二つ目は「問答法的推論」と呼ばれるもの、三つ目は「論争法的推論」すなわち推論のように見えて実は推論でないもの、いわゆる「詭弁《きべん》」や誤った推論である。最後のものは推論ではないのだから、実質的には二種類の推論が区別されていることになる。

論証とは、直接的に（つまり推論によらずに）明らかである命題を前提にして、一見明らかでない命題を結論づけるものである。形式的には前章で見た三段推論式のかたちをとるが、具体的な命題を当てはめて考えると、結論が前提と同様に明らかである場合もふくまれているので、すべての三段推論式が論証であるわけではない（たとえば「すべての人間は死ぬものである」という命題が、それを結論とする前提「すべての動物は死ぬものである」や「すべての人間は動物である」より明らかでないとは言えない）。しかし論証であれば、それはすべて三段推論式である。

それに対して問答法的推論は、論証と同じ形式をとらない。出発点として選ばれるのは真であることが明らかな命題ではなく、通用している命題（エンドクサ＝すべての人が認めたり、知者が認めたりしている命題）である。しかも、その命題を前提としてそこから直接結論を導き出すのではなく、その命題を確証しようとする立場と、反駁《はんばく》しようとする立場から議論を行なうというやり方がとられるのである。このタイプの推論から結論が出される場合には二通りある。出発点とした命題が、確証もえられず、反論をしりぞけることもできないなら、その命題がなりたつ可能性はきわめて低いことになる。だが逆に反論をかいくぐって確証をえることができれば、それはかなり確からしいと言える。さらに、ライバルとなる他の命題がすべて反駁されれば、当の命題はきわめてありそうな（蓋然性《がいぜんせい》の高い）ものとなろう。

このような手続きの違いに注目すれば、問答法的推論は、三段論法全体と区別されるべきものであって、三段論法の特殊な場合である論証と並べたのでは完全な分類になっていないと言える。つまり、推論の全体を三段論法型の推論と問答法型の推論とに分け、三段推論を論証とそれ以外の三段推論に分けていたなら、分類としてはかたちの整ったものになっていたことであろう。ただし、論証と問答法をならべる場合に、彼は学問の完成したあり方と、探求の手続きのようなものを対比して考えているのではないかと想像できる。

三段推論式の理論は「形式」論理学と呼ばれたが、その意味は、命題に含まれる名辞に何を代入するかにかかわらず、すなわち命題の実質的な内容に左右されずに、推論の形式だけで、推論が妥当か否かが決定できるということであった。それに対して問答法的な議論は、多くの場合に、議論の正しさを論じられている内容から切り離すことはできない。

たとえば、幸福が快楽であるか何らかの実践であるかというような問題を論じることは、幸福や快楽の意味を考えることなしに形式論理を適用しても無意味になろう。そういう意味で、問答法的と呼ばれている手続きは「非」形式論理と呼ぶことができるものだと言える。彼は『トピカ（さまざまな論じ方）』と呼ばれる著作の中で、そのような非形式論理の例をたくさん提供してくれているのである。

このような特徴をもった問答法的推論は、論証とは違って、その結論が必然的に真であると言うことはできない。最初の出発点が、論証の場合のように真である命題ではなく、認められている命題にすぎないし、推論の手続きも三段推論式のように形式的に確立されたものではないからである。しかしこのことは、問答法的推論の重要性を否定するものではない。このタイプの推論は、形式論理的な論証ができない議論を行なうことができるし、おそらく形式論理学そのものも、このタイプの手続きを用いて生みだされたのだと思われるからである。

†非形式的推論の有用性

論証の場合には、前提が真で、妥当な三段推論式を用いていれば、結論も必然的に真であると言える。これはひじょうに強力な議論の手続きであるが、しかし万能ではない。真である命題をすべて論証できるわけではないのである。ある推論の前提が証明できるものであるなら、その証明の前提となる命題は真でなければならない。だがその前提が真であることを証明できるだろうか。できるとすると、さらにその前提について同じことを問うことができる。これはいつまでも続くわけではなく、必ずどこかで最初の証明に行きつくはずである。アリストテレスが論証と呼ぶのは、そのような、それ以上証明することができない最初の証明のことである。したがって、論証の前提となる命題が真であることは、論証することができないのである。

問答法的推論の役割として彼が挙げるものの一つは、論証の前提となる事柄を論じることができるということである。これはもちろん証明ではなく、手続きからみて、その前提の蓋然性（確からしさ）を示すものにすぎない。したがって、それを確実な命題として扱うためには、問答法的な手続きだけでは充分でなく、たとえば直観とか知性といった能力がその前提の真実性を認めているということを言う必要が出てくる。しかし、何の訓練もないところからいきなり直観によって、前提となるべき命題が知られるわけではないから、問答法的な手続きが重要であることには変わりない。

彼が述べる問答法的やり方は、ある命題をめぐる賛否両論の立場に分かれて議論を行なうものであるので、アカデメイアで実際になされていたことにもとづいているのだろうと推測されている。アリストテレスはそれを自分ひとりで考察する場合にも応用していると考えることができる。いろいろな問題をあつかうにあたって、彼はその問題についてのさまざまな見解を紹介し、批判的な検討をくわえているのである。たとえば『形而上学』第一巻の、先人の考えが論じられる、いわゆる「哲学史」的な部分は、のちに見ることになる「四原因」の考えを正当化するために行なわれた、問答法的議論の代表例と言えよう。

問答法的な手続きの研究の有用性として彼が述べているもう一つの点は、訓練に役立つということである。探求の方法に習熟することによって、われわれはより容易に問題をあつかうことができるようになるという。また、討論に役立つということは、多くの人の見解を知り尽くすことによって、議論の材料を自分の中にもち、必要なときには議論の筋道を変えることもできるようになるからだと説明されている。この点はとりわけ、このやり方が非形式論理であるということを明らかに示している。言うまでもないことだが、議論のためには論理の形式だけでなく、中身が大事なのである。

その研究はさらに哲学上における知識のためにもなると言われる。問答法は賛否両論の立場から問題をあつかうが、その両側の議論に精通することによって、それぞれの問題について真偽の判別がより容易になるというのである。自分ひとりで考える場合には、自分の視点だけからものを見がちであるのに対して、問答や対話は(「問答法」は「対話の技術」

とも訳せる言葉である)、異なった視点に触れることによって事柄の理解が深まるという、一般的な効用をもっているが、問答法的なやり方はそのような利点を、いわば組織だったしかたで生かそうとするものだと言えよう。

†問答法的な論じ方の例

問答法的議論の「効用」のようなものをいくら読んでも、薬の効能書を読むのと同じで何の足しにもならないと言われるかもしれない。そのタイプの議論では実際にどのような論じ方がなされるのか、いくつか例を見ておこう。

問答法的な議論に特有な論じ方として、まず帰納《きのう》[法]を挙げなければならないだろう。帰納は推論と対比されているので、問答法的「推論」に含まれているとは言えないが、問答法的な議論の一タイプとしてあつかわれている。

彼の表現を用いれば、帰納とは「個別的なものから普遍的なものへ向かう道筋」であって、たとえば「技術をもった操舵《そうだ》手《しゅ》が最も優れており、馭者《ぎょしゃ》もそうであるなら、一般にそれぞれの事柄においても技術をもった人が最も優れている」という例が挙げられる。この例では二つの事例にしかふれられていないが、別の著作では少ないサンプルから一般化することが間違いであると指摘されているので、たんに分かりやすさのために少ない事例に言及しただけだと考えることができる。

典型的な三段推論式によく似たタイプの推論として、「AはBよりよい。BはCよりよい。ゆえにAはCよりよい」というものが考えられる。アリストテレスがこのような比較についての推論をあつかわなかったことが、彼の論理学の欠陥の一つであるかのように言われることがあるが、必ずしもそうとは言えないということは前章で述べたとおりである。だがそれだけではなく、このような推論は、彼にとってたんに当たり前の、あまり関心をひかないものであったように見える。

彼が興味をもってあつかう議論は、たとえば「AがCよりよい程度が、BがCよりよい程度を超過しているなら、AはBよりよい」というようなものである。なぜこちらのほうが関心をひくかと言えば、AとBの比較が問題になっている場合に、第三者であるCとの比較によって結論を導くという、一つの議論のタイプとしてあつかえるからであろう。おそらく同じような関心から、彼は「AがBより優っており、CがBより劣っているなら、AはCより優っている」という論じ方にも言及している。これは、実質的には「AはBよりよい。BはCよりよい。ゆえにAはCよりよい」と論じるのと同じ効力をもっているのだが、彼はこの言い方をせずに、前者のような論じ方だけをとり上げているのである。

比較についての論じ方には、たとえば「より〇〇なものが、より××なら、（一般に）

○○なものは××である」というものがある。これは、さまざまな○○なものの比較を通じて○○なもの一般について論じる議論として受けとれば、近代の帰納法で「共変法《きょうへんほう》」と呼ばれる手続きの先駆であることになろう。アリストテレスの帰納法は、共通点だけに目をつけている点が弱点だという指摘もなされてきたが、問答法的手続きが（確証と反証という）両面からなされることは、反対の側面も無視していないことの現われだと見ることもできる。彼がそれを帰納法という手続きのなかに組織的に組み込んでいないのはたしかであるが、彼の関心はむしろ、もっと広く応用できる論じ方の研究にあったのであろう。

†述語づけに関する整理

彼が『トピカ』の中であつかっている問題は、それぞれ定義、固有性、類、付帯（偶有）性を対象とするものに分けて整理されている。これら四つは、主語と換位できるか否かと、主語にあたるものの本質を示しているか否かという、二つの基準で区別される。すなわち、定義と固有性は主語と入れ換えて言うことができる。たとえば、人間が二足の理性的動物であると定義できるなら、二足の理性的動物は人間であると言うことができるし、文法を学ぶことができることが人間だけに属する（人間に固有の）ことであるなら、人間は文法を学ぶことができるものであるとも、文法を学ぶことができるものは人間であるとも言うことができる。

他方、類と付帯性は主語と入れ換えることができない。人間の類は動物であるので、人間は動物であると言うことはできるが、動物は人間であると言えば間違いとなる。また、ある人間にたまたま（付帯的に）属していることについても、この人間は白いとは言えるが、白いものはこの人間であるとは言えない。

さらに、定義と類は本質を示しているが、固有性と付帯性はそうではないと言われる。定義が本質を示しているというのは、彼の言う定義がたんなる名目的な定義ではないということである。逆に言えば、彼があつかう対象は、その本質を論じることができるようなものだということでもある。類は定義のなかに含まれるという意味で、本質の一部をなすと言える。人間だけでなくどの動物も、○○な「動物」と言わないと定義できない。「○○な」に当たる部分は種的差異（種差）と呼ばれるが、この差異によってたとえば馬が人間から区別されるので、これも本質の一部である。しかしアリストテレスは、ここでは種差を独立の問題としてあつかうことをせずに類の議論のなかに含めている。

付帯性が本質を示していないことには異論は出ないだろう。しかし、固有性と定義とを区別する根拠がどこにあるのかは、疑問とされるかもしれない。たしかに、定義が当のものを他のものから間違いなく区別することのためだけに必要とされるのであれば、固有性と類を組みあわせたものはすべて定義として通用するであろう。たとえば、人間とは文法を学ぶことができる動物であると定義しても、他の動物から区別することは可能である。そのようにして、人間の定義はたくさんできることになるだろうが、文法を学ぶことができることは人間の本質であろうか。この問題は、彼が本質をどのように考えていたかを見るところでもう少し明らかになるであろう。

今ここで注目したいのは、アリストテレスが事物を整理するやり方である。述語として語られるものをすべて同等にあつかうのではなく、固有性とか付帯性といった分類の枠組のなかに位置づけ、それをまた別の基準と組みあわせることによって、事柄同士の関連を以前より見えやすくする。彼が『トピカ』でさまざまな論じ方や目のつけどころを説明するときにしているのは、まさにそのような整理である。そして、そのような整理の仕方のひとつの到達点が、彼のカテゴリー分けであった。

†カテゴリーによる分類

カテゴリー（ギリシア語ではカテーゴリアー）とは、もともと「告発」を意味する言葉で、誰それにある罪状を帰することであった。アリストテレスがそれを、あるものに何々という述語を帰するという「述語づけ」の意味に転用したのだと言われる。ただし、カテゴリーと呼ばれるのは「述語づけ」そのものではなく、述語づけに現われるものの異なったタイプのことである。最も多くのカテゴリーが列挙される場合には、十個がならべられるが、たいていの場合には六個ほどが挙げられるのみである。

すなわち、(1)実体、(2)数量、(3)性質、(4)関係、(5)場所、(6)時間の六つは、ほぼ間違いなく、カテゴリーと考えられているものであり、さらにそれに、(7)姿勢、(8)所持、(9)作用、(10)被作用がつけ加えられることがある。それらの例とされているものを一つずつ挙げると、(1)人間、(2)四フィート、(3)白い、(4)二倍、(5)リュケイオンで、(6)昨日、(7)横臥《おうが》、(8)靴を履いている、(9)切る、(10)切られるである。

このような区別がどうして考えられたのであろうか。それを推測する材料は、彼の言葉づかいに見られる。たとえば数量(あるいは量)という訳語で通用しているものは、彼の言い方では「ポソン」(どれだけか)という言葉であり、性質は「ポイオテース」(どんなかということ)、場所は「プー」(どこか)、時間は「ポテ」(いつか)である。これらから、カテゴリーの区別は、あるもの(たとえばある人間)について質問できる事柄の区別が出発点になっていると推測される。その場合、(1)の実体は「何であるか」という問いに対する答えに相当するものになるが、実際にその言い方でこのカテゴリーが指されていることもある。

他方で、それぞれのカテゴリーが類―種関係の頂点にあるものとして語られる場合がある。さまざまな色があり、さまざまな形があって、それらは色という類と形という類のなかに分類することができるが、色も形も性質を類として、その下に分類できる。しかし、実体や場所の例としてあげられるものを性質のなかに分類することはできない。このように考えた場合には、それぞれのカテゴリーは、個別的なものを最も下位の要素として、類種関係の構造をもっていることになる。たとえば実体の場合、ソクラテスやプラトンを含んで人間という種《しゅ》があり、人間や馬という種を動物という類が包含し、動物や植物を生物という類が包括し、生物と無生物を実体という最高の類が包含するという、階層的な構造で考えることができる。

この二つの見方のどちらが彼のカテゴリー論をささえているのかという疑問には、一方だけをあげて答えとすることはできないであろう。異なった視点の共存は、アリストテレスの説明の首尾一貫性をあやうくするものではあるが、かえってそのことによって、いわば立体的な捉え方が可能になったのではないかとも思われる。この問題は、彼の、たとえば実体の捉え方を検討するところで、もっと考えてみたい。

†主要なカテゴリーの例

カテゴリーが列挙されるときの多くの場合に言及される六つを、主要なカテゴリーと呼ぶことができる。そのうちの関係と数量にまつわる問題について、少し考えてみよう。

関係のカテゴリーは、ほかの五つのカテゴリーと少しおもむきを異にしている。それに属するものは単独では成り立たず、必ずそれと関係する別の項があるのである。たとえば、二倍というのは、半分のものの二倍であり、半分は二倍のものの半分である。等しいとか似ているということも同様である。これらは、たとえば赤いという性質がほかのものと関係づけられなくても成立し、理解されるのとは明らかに異なった特徴をそなえており、混同すべきものではないことが、比較的容易に納得できるであろう。

ところが、アリストテレスはさらに、大きいという形容も関係的なものに入れている。たとえば山が大きいと言うとき、何か別のものとの比較で大きいと言われているのだと言う。しかし、それは特定のものとの比較ではない。また、相反するものも相互に関係していると言われる。たとえば、徳は悪徳の反対であり、知識は無知の反対であるのである。知識は、別の観点からも関係的なものと考えられている。それは必ず、知られている内容の知識であって、それは感覚が感覚されるものを抜きにしては成立しないのと同様である。

しかし、徳も知識も、性質のカテゴリーに含まれる状態（持前）の一つである。同じものが別々のカテゴリーに属すのは、彼の意図には反しないのであろうか。ここには、関係のカテゴリーについての二つの基準が混在しているように思われる。すなわち、必ず相関項があって、それとの関係を無視してはその形容そのものが成り立たないような場合と、何らかの関係として表現することができるという場合である。後者の基準を採用するならば、おそらく彼が想像しなかったものまで関係のカテゴリーに含まれることになるだろう。たとえば数量のカテゴリーに属する、一尺のという形容も、尺という単位との関係で成り立っているという意味では関係のカテゴリーの中であつかうことができよう。前者の基準だけで考えるならば、徳や知識を関係のカテゴリーに入れることは適切ではないと言えよう。

このことは、アリストテレスのカテゴリー区分が、概念の整理のための手段という性格をもつものであり、固定化された枠組ではないということの現われだと受けとめることができよう。同じ形容も、関係としてあつかうか、性質や数量としてあつかうかによって、違った側面が見えてくるところがある。どのカテゴリーに入れるかは、どの側面をあつかうかということなのだと考えることができる。

関係のカテゴリーの特異性は、それに対応する疑問詞がないところにも見られる。また、関係的なものを分類した最高類がこのカテゴリーだと考えるのも、無理があるように思われる。それではなぜ、関係的なものという独立のカテゴリーが必要だったのだろうか。その必要性の一つとして次のような事情があると思われる。

さきに、ギリシア人は詭弁も楽しむことができたと言ったが、そういう光景はプラトンの『エウテュデモス』などを読むといきいきと描かれている。ソフィストが若者に問いかけることによって、相手の言っていることを矛盾に追い込むと、見ている人たちはワッと喝采するのである。そういう問答の一つでは、若者に犬をもっているかと問いかけ、若者は肯定する。次に、その犬には子供がいるということを聞き出し、その犬が父親であることに同意をえる。そこから彼は「したがって、この犬は君の父親だ」という結論を導くのである。

この議論が正しくないことは誰が見ても明らかである。しかし、どこに間違いがあるのかを指摘することは必ずしも簡単ではない。これが間違いだとわれわれが確信できるのは、その犬が若者の父親だという結論が、明らかに正しくないからである。しかし、その犬が父親であり、しかもその若者のだということがどちらも真であるなら、その若者の父親だと言っていいのではないかと反論されたら何と答えられるか。その若者のという言葉は犬にかかるのであって、父親にかかるのではないと言う人もいるだろう。しかし、それは文法的説明にはなるが、論理の説明ではないのである。

関係的なものという概念を使えば、この問題はエレガントに答えられるであろう。犬や若者は関係のカテゴリーに属さないが、父親とか親は関係的なものである、すなわち「何かの」という相関項をもち、それとの関係でのみ父親と言うことができるのである。しかるに、その犬が父親であるのは、それの子犬に対してであって、ほかのものに対してではない。つまり、今の詭弁は、父親という概念が関係的であることに関する誤りのうえに成り立っているということになるのである。

主なカテゴリーのなかで、数量についての記述は、現代の私たちの目からすればもの足りないと思われるところがある。それは、近代的な数値化の技法が私たちの発想にしみこんでいることに由来すると思われる。熱い・冷たいという性質上の区別を、私たちは温度の違いという数量的な区別に置きかえて考える発想に慣れている。あるいは、図形の形の違いも、数学的には数式化してあつかうことができる。それらが数値化できるからこそ、コンピュータによる図形の処理もできると言えるのである。

しかし、性質的な区別をすべて数量の違いに置きかえることができるかというと、ことはそんなに単純ではない。プラトンの『テアイテトス』によれば、たとえば、ある風が冷たいか温かいかは、それを感じる人と相関的であって、そういう人を離れて冷たいとか温かいと言うことはできない。われわれが風の温度を計ったからといって、そのことは風を温かいと感じるか冷たいと感じるかとは別のことである。一般に、数値化された「性質」を本当に性質の違いとして受けとっていいかと言えば、それらは同じではないと言わなければならないであろう。たとえば、ある試験の結果から計算された偏差値が、その人の価値(これも重要な「性質」である)を示していると考えるのは、そのようなカテゴリー的混同の一例であろう。

【第四章】

自然と原因

風の塔（アテネ、前2世紀）

†自然と自然学

自然と訳される言葉は、ギリシア語のピュシス（physis）であって、それの形容詞の変化形であるピュシカ（physica）は、自然学とか物理学と訳せる近代ヨーロッパ語（physics）の語源である。アリストテレスにとってピュシスとは、それぞれのものが自然のままでもっている本性のことであると言うことができる。それには、自然によって存在するものにおける「動（運動変化）と静止の原理（始まり）と原因」という説明があたえられている。

これは生きものの場合を考えると理解しやすいように思われるが、彼は無生物の場合も含めて考えているのである。たとえば、火は上昇するという特徴を本来的にもっており、土は下降することを特徴としているが、それは自然にもとづいている。それに対して寝椅子のような人工物は、寝椅子であることによっては、いかなる運動変化の原理をももっておらず、土や水といった物体が複合されてできていることによって、下降する傾向をもっていると考えられているのである。

火や空気や土を自然物と考える見方は、世界の成り立ちを、それを構成する要素すなわち質料《しつりょう》（素材）からとらえようとする見方につながるであろう。それに対して、生物の自然本性を考えることは、生物が生まれつきもっている機能や、それを支える構造、すなわち形相《けいそう》の側面に注目することになる。しかし、自然学者はただ形相だけに着目すればいいわけではないということを、アリストテレスは注意する。数学者が研究する図形は、自然物のうちに見ることができるものだが、数学者はそれを思考のうえで切り離して（つまり抽象して）考察する。しかし自然学があつかうのは、骨や肉や人間といった、質料から切り離すことができないものであるので、自然学者は形相と質料の両方を研究しなければならないことになる。

自然学もまた、知を愛する営みとしての哲学の一部として、知るということを求めるものであるが、それぞれのものを知ったと言えるのは、それの原因、あるいは「なぜ」を知ったときである。そういうわけで、生成消滅や、さまざまな変化について、原因を把握することが、自然学の課題とされることになる。

†なぜという問い

アリストテレスの「カテゴリー」の考えが、さまざまな疑問詞と結びついている側面があるということはすでに見たが、ものの見方を整理する視点が疑問詞を手掛かりにして得られるのは自然なことに見える。しかし、たんに疑問詞を使ってさまざまな疑問文を発することができることと、それをもとにしてものの見方について考察することの間には大きなへだたりがある。

その違いは、たとえば「何であるか」という問いの場合にもはっきりと見ることができよう。「何」という疑問詞は、それ自体としては少しも難解なものではない。よく、出来事を説明する時には4W1H（「誰が」「何を」「いつ」「どこで」「どのように」したか）が分かるように言わなければならないと言われることがあるが、これらは誰でも使える基本的な疑問詞である。しかし、ソクラテスが「……とは何であるか」という問いを人々に投げかけた時、その問いが意味していることは必ずしも対話相手にとって明白であったとは言えない。

誰が何をしたかという場合の「誰」や「何」は、ある出来事の記述に関するかぎり具体的な内容を指示している。しかし「何」という問いは、そのような具体性を超えたレベルでも発することができるのである。日本語に訳す時、「……とは何か」と、「とは」をつけることによって特別なニュアンスがつけ加わるが、ソクラテスの問いも直訳すれば「……は何か」である。彼の対話相手は、この問いを「何が……か」と同じ問いとして受け取ったり、具体的な答えを要求している問いであるかのように答えることがあった。

ギリシア語の「誰」と「何」とは、同じ疑問詞の男性形と中性形の違いにすぎない。人間（男性名詞）について男性形の疑問詞で問うことは、そのものが人間であることを前提にして、人間のうちの何者であるかを尋ねていることになる。それに対して、中性形の疑問詞ではそれが人間であるという前提が取り払われている。ある人間が「誰か」と問われている時には、答えを人間のあいだで探せばいいのに対して、人間は「何か」と問われる場合には、人間なら人間という枠をはずして考えなければならないのである。

アリストテレスがカテゴリー分けを通じて示したのは、たとえば「何であるか」という問いは「実体」という枠のなかで考えればいいのだという指針である。これは、その疑問詞を日常的に用いることができるというだけのレベルから大きくかけ離れている。じつは彼の見方の背景には、この問いをめぐるソクラテスやプラトンの考察が大きな意味をもって控えているのである。

「なぜ」という問いは、もっと厄介な代物である。英語で言えばWで始まるにもかかわらず、さきに言及した4W1Hには含まれない。これは、この問いそのものが、基本的な事実の記述を要求するものではないからである。新聞記事は4W1Hで書けるが、これに「なぜ」を入れて5W1Hにしろと言われれば、新聞記者は探偵を兼ねなければならなくなるかもしれない。あるいは「なぜ」の部分だけ推測になってしまうだろう（このことは、もちろん、他の点がいつでも事実通り書かれているということを意味するわけではない）。

第一章でも見たように、アリストテレスは、なぜかという問いに対する答えを知ることが哲学の求める知の特徴の一つだと考えている。それは個別的・具体的な事実とは違って、経験だけでは捉えられないものであるが、ただそうであるという事実を知っているだけでなく、なぜそうであるかを知っていることが知者に固有のことなのである。そしてアリストテレスは、この「なぜ」をアイティアー(原因・理由)とも呼ぶ。哲学の求める知は、たんなる事実知ではなく、原因の知なのである。

†四つの「原因」説

しかし、「なぜ」を原因(アイティアー)と言い換えただけで、アリストテレスの言おうとすることが分かったとは言えない。われわれが「なぜ」と聞かれたときに答えに窮することが多いのは、何を答えればいいのか分からないからであるが、その理由の一つは、いろいろな答え方がありうると(漠然とであれ)思うからであろう。なぜ庭にこの花が咲いているのかと尋ねられて、私が植えたのだと答える人もいれば、そのほうが楽しいからと言う人もいるだろう。あるいは、この花は今どき咲くものなのだと解説する人もいれば、ここの土はこの花に合っているのだと答える人もいるかもしれない。しかし、答えがすぐに出てくるとは限らない。なぜという問いが詰問になることがある(なぜそんなことをしたのかという問いが、そんなことしたら駄目だという意味になることがある）のも、そのことと関係があるだろう。

アリストテレスの特徴は、こういう場合にも分類や場合分けを用いるところに発揮されている。彼は、先人たちの探究をも論拠にしながら、なぜという問いの答え方には四種類あると言う。これがいわゆる「四原因」の説である。すなわち、①質料《しつりょう》（あるいは素材）としての原因（質料因）つまり当のものが何からできているかを説明すること、②形相《けいそう》としての原因（形相因）つまり当のものが何であるかを説明すること、③動（運動・変化）がそこから始まる始原（始動因）つまり当のものが成立するための動きや変化をあたえたものを説明すること、④目的としての原因（目的因）つまり当のものが何のために成立したかを説明すること、の四種類である。

「なぜ」に対する答えを、この四つに分類することによって、その問いは答えやすくなったと言える。運動や変化の始まりを考えたり、目的を考えたりすることは、漠然とした「なぜ」に答えようとするより考えやすいことだと思われるからである。ただし、考えやすいということが答えを見つけやすいことになるとは限らない。たとえば運動変化の始まりといっても、ある出来事を引き起こしたものが何であるかを特定することは、それ自体として大問題になることがある。けっして、大工さんが家を建てたとか、そこに住むために家を建てたとかいうような分かりやすい場合ばかりではないのである。

　これが形相とか質料ということになると、問題がさらに複雑になる場合が多いように思われる。家を建てるという、アリストテレス自身よく用いる簡単な例で考えてみても、居住とか財産保全とかいう目的に対して、家の形相は、その目的を実現するための機能や、その機能を支える構造をもっていなければならない。したがって、家がもつべき形相については、専門家の知見を必要とするところがでてくる。また質料についても同様で、家の材料として何が適当かは、常識的に分かるところもあるが、用途に応じた材料の使い分けは、専門の職人でないと分からないところがあるだろう。

　アリストテレス自身は、動物の研究のなかで、質料と形相が実際にどのようにそれぞれの種の動物のあり方を決めているかを考察している。その中には、多くの卓見が含まれているが、今日の知識と比較して見ると、もの足りない印象を受けるところがあるのは否定できない。これは、観察の手段も、観測の精度も現代とは比較にならないほど素朴だったことを考えれば、何の不思議もないことである。物質的組成や微視《びし》的構造の特定には到達していないとはいえ、彼の重要性は、そのような具体的成果よりむしろ、ものの形相的側面と質料的側面とを分けて考えることを可能にしたところにあると考えられる。

†質料と形相

具体的（コンクリート concrete）なものというのは、本来二つの要素が合成されてなり立っているものを意味した。その二つというのは質料と形相である。合成されているといっても、これらは部分であるわけではないと注意される。家の例で言うと、質料である木材や石材、煉瓦などが、形相をそなえて家の機能をはたすようになっているということが、質料と形相からできているということである。形相だけ、あるいは質料だけを、たとえば家のドアをはずすように部分として切り離すことはできない。

アリストテレスは、形相を思考の上でしか切り離すことができないということをくり返し注意するが、逆に言えばわれわれは形相だけを分離して考えることができるということであり、その手続きは「抽象」と訳すことができる言葉で呼ばれるのである。だが、それだけではなく、形相はものの認識される側面であり、質料はそれ自体では知られないと考えられてもいる。そうであるなら、形相を質料から切り離すことができないといっても、その質料は、形相の担い手の役をはたすことさえできれば、積極的な特性をもつ必要はないことになるだろう。

そのような、形相の担い手としての質料は、基体《きたい》（もとにあるもの）という言葉でも特徴づけられる。何らかの変化が起こるとき、そこには変化の前後で変わる要素と存続している要素とがある。変化のもとにあるもの、あるいは基体とは、その存続する要素のことである。感覚的性質や属性の変化の場合には、基体となるのは具体的なものである。たとえばソクラテスが日に焼けた場合、ソクラテスという人間が基体となって、白いという属性が黒いという属性に変わる。この場合には、ソクラテスは独立の実体でありつつ、さまざまな属性をもっている。

それに対して質料は、厳密に言えば生成消滅(実体の点での変化)のもとにある基体であるので、属性の担い手としての実体ではなく、あるものを実体として成立させる形相のもとにあるものである。たとえば、アリストテレスが「単純物体」と呼ぶ、すべての物体の元素に当たるものが生成する(つまり、ある元素が消滅して別の元素が生ずる)場合にも、当然そのような基体がある。だが、それが何であるかは特定されず、「可能的な物体」と呼ばれるだけである。実体のもとにある質料は、このように、形式的な基体でしかないように見える。

しかし、質料が原因の一つと考えられる時には、そのような、何か存続するものがなければならないという条件を満たす、いわば形相の背後に隠れた影のようなものとしてではなく、具体的なものの成り立ちに積極的に寄与するものと見なされていると思われる。たとえば、何かを作るときに質料が何であってもいいということはない。ノコギリを羊毛から作ることはできないと言われるように、質料には用途に適した特性が求められるのである。そのような特性をもつことによって、質料は原因の一つとしての役割をはたすことができる。今の例で言うと、鋼鉄は硬いという特性をもっているので、ノコギリの質料としての原因となりうるということになろう。

彼の元素論にも、質料のそのような側面を見ることができる。彼は火、空気、水、土の四つを単純物体と呼び、他の物体はこれらから構成されていると考えた。それらの生成について論じるときに、彼はそれらを「いわゆる構成要素」と呼んでいる。別の場合には彼自身も限定なしにその呼び名を使うことがあるものの、この保留をつけたような言い方は、それらが最終的な構成要素ではないという見方の表明である。その点では(師の元素論に批判を加えているにもかかわらず)、プラトンと共通している。

単純物体の生成(すなわちお互いへの転化)のもとにある基体は、さきに見たように、基体がなければならないという条件をみたすだけの形式的なものであったが、単純物体を構成する要素としては、熱・冷、乾・湿という二対の相反する特性があげられ、これらの組み合わせによって単純物体の成り立ちが説明される。すなわち火は熱+乾、空気は熱+湿、水は冷+湿、土は冷+乾という特性から構成されている。したがって、その特性の一方が反対の特性に置き換えられることによって、単純物体は相互に生成できることになる。

たとえば水が空気になる場合には(彼が念頭に置いている現象は私たちが気化と呼ぶものであろうが)冷が熱に置き換わることになる。ここで存続する項である湿が基体の役割をもはたしていると考えられているかどうかは明らかではないが、この説明のなかで、水や空気を構成している質料と言えるのは、形式的な基体としての可能的物体ではなく、単純物体を構成するものとしての相反する特性であることはたしかである。これは、ものの成り立ちを説明することが目ざされている文脈であるから当然であるかもしれない。

結局、アリストテレスの質料概念には、形相の担い手としての基体という側面と、ものを構成してそのものの成り立ちを説明する要素という側面の二つが共存していると言える。質料が原因説明の一つとしてあつかわれる場合には、後者の面が着目されているのは自然なことである。その側面はまた、質料とされるものの形相として捉えることのできるものでもある。たとえば、ノコギリの質料である鋼鉄がもっている、硬いという特性は、鋼鉄を鋼鉄として見た場合の形相としても理解できる。そのような側面から見ると、形相と質料の区別は形相の重層構造としても理解することができるであろう。

形相や質料がものの成り立ちの説明となることを認めても、それを原因と呼ぶことには抵抗感が感じられるかもしれない。原因という言葉は、結果と対《つい》になる概念を示すために用いられるとすると、ある結果を引き起こす出来事あるいは作用者が原因と呼ばれなければならないことになる。質料も形相も、あるものを成り立たせる要素だと考えることはできるが、それを作り出すものではないのである。その意味では、アリストテレスがあげる四つの原因のうち、始動因だけが原因という名称にふさわしいと言えよう。大工が家を建てたことが今家があることの原因であるという説明は、何の抵抗もなく受け入れられる。

しかし、形相や質料を原因説明のなかに含めることは、因果関係の連関の中でも意味をもつであろう。たとえば、地震が起こってあるビルディングが倒れた場合、地震が起こったこと、あるいは地震そのものが原因だと言われるのは当然である。実際に地震が起こったのだし、地震が起こらなければそのビルは倒れなかったと考えられるのだから。だが、少し考えてみると、その地震で倒れなかった建物があることは、どのように説明されるのかが疑問になるだろう。地震による揺れの違いとは無関係に、倒れる・倒れないという違いが生じているなら、あるビルの倒壊の原因をただ地震に帰するのは不十分である。何か別の要因を考えなければならない。

それでは、その別の要因とは何であろうか。倒れた建物の成り立ちに問題がなかったかどうかを問うことができよう。地震によって手抜き工事の存在が明らかになることがあるが、その手抜きには、材料を必要なだけ使わないことによる場合も、設計通りの構造にしなかった場合もあるだろう。前者は倒壊の質料因と呼ぶことができるし、後者は形相因と呼ぶことができるだろう。あるいは設計そのものにミスがあっても、やはりその建物の形相上の欠陥が倒壊の原因の一つと考えられることには変わりない。

しかしながら、形相因や質料因を近代的な意味の原因と関係づけることができるとしても、発想の上での違いは重要である。因果関係は時間的な関係でもあって、結果のほうが原因よりもあとであり、この関係が逆転することはありえない。だが、アリストテレスの原因論では相互に原因となる関係が認められている。あげられている例で言うと、ある人が身体をきたえていることと、健康であることの関係がそうである。身体をきたえることが健康を生み出すという意味では前者が原因であるが、健康になるためにきたえているという意味では後者が原因なのである。

健康であることが身体をきたえることの説明になるのは、目的因としてである。時間的な因果関係の中に位置づけようとすると、健康になろう「と思った」ことが原因だと考えられるかもしれない。このような説明では、目的を原因と呼ぶより理由と呼んだほうが分かりやすいと言えよう。実際、原因と訳されるギリシア語には、理由と訳されるべき用法が少なくない。しかしながら、アリストテレスが目的を原因と呼ぶときには、そのような心理的説明を意図しているのではない。

彼があげる例から見て、彼が心理的な説明が当てはまる場合を排除していないことは明らかである。しかし重要なのは、意図や計画が関わってこない場合にも目的（テロス）が原因としてはたらいているという指摘である。たとえば、生物の発生・誕生のプロセスは、けっして誰かが人為的に計画したわけではないのに、決まった順序をふんで、一定の終点（テロス）を目ざして行なわれる。これは、ある意味では人間の意図的な行動よりも高度に合目的的なプロセスだと言えるのである。

†自然と目的

アリストテレスは、四つの原因のうち三つは、多くの場合一つにまとめられると言う。三つというのは質料以外の、形相因、始動因、目的因である。彼がそこで考えているのは、生物の世界におけるプロセスである。人間の場合、形相因は人間の形相（すなわち、人間のもっているさまざまな生命的機能）であり、始動因となる親は、別の個体ではあるが種のうえで同じ人間である。そして目的因は、ほかならぬ人間となることである。

このことは、もっと単純な言い方で「人間が人間を生む（直訳すれば「生ませる」）」と表現されることも少なくない。この言葉は、人間の親は人間であり人間の子は人間であるという意味であり、「カエルの子はカエル」と言っても「ウリのツルにはナスビはならぬ」と言っても（比喩的な意味を度外視すれば）同じことである。つまり、生物の種的形相は世代を超えて同じものとして持続するのであり、そのことが、発生の目的を目ざした秩序を保証しているということである。

「種的形相」という表現は、原語を考えると問題があるかもしれない。類に対する種も、質料に対する形相も、アリストテレスの用語では「エイドス」という言葉で呼ばれるからである。しかし、今の文脈では人間の形相と言えば、人間という種を表わす形相であって、個別の人間に固有の形相、たとえばソクラテスの形相というようなものが考えられているのではない。そのことを表わすためには、「種的形相」という言葉も便宜的なものとして許されるだろう。

種的形相が持続するということは、言い方を換えれば、ニワトリのほうが卵より先だということにもなる。水掛け論の代表のように言われる「ニワトリが先か、卵が先か」の議論は、時間的な観点から論じられている。卵がニワトリから生まれるということも、ニワトリが卵から生まれるということも、時間的な順序としてはどちらも正しい。しかし、ニワトリの卵はすでにニワトリの形相を発現するように定まっており、卵から生まれる個体としてのニワトリよりは先だとしても、種としてのニワトリのほうがつねに先なのである。先後関係についての彼の区別にしたがえば、卵がニワトリより先なのは生成の順序においてだけであり、事柄の順序としてはニワトリの方が先だと言うこともできるだろう。

いわゆるアリストテレスの目的論と呼ばれる考えも、少なくとも生物の世界に関しては、このような形相の持続による秩序として考えられているのである。政治学の文脈で、他の生物が人間のために存在しているかのように書かれている箇所があるために、彼の目的論が人間中心主義に毒された考えであるという非難を受けることがあるが、目的論の中心的な考えは偏狭な人間中心主義とは無縁である。政治学の記述も、人間が他の生物を利用するという見地から見た限られたものであり、けっして生物の世界全体が人間のために作られているという主張ではない。目的論の中心的な論拠があたえられている自然学の文脈では、各生物の生成の目的は、それぞれの生物としての完成にほかならない。

生物に関する彼の目的論的説明には、さまざまな器官や機能の合目的性の説明が含まれている。たとえば豆のサヤが豆をまもるためにあるとか、クモが虫を捕まえるために巣を張るとかである。しかし、そういう説明とならんで、非目的論的な説明も見られることが注目される。たとえば、眉毛はその部位の湿り気のために生い茂ったものであるとか、肝臓のまわりにある胆汁は、何のためにあるものでもないと言う。彼は何でもかんでもこじつけてまで目的論的に説明しようとは考えなかったということである。

現代の私たちには、目的論的説明に対する根強い疑問や、拒否の態度がある場合が少なくない。それは一つには進化論的な見方が浸透しているからであろう。アリストテレスの目的論を支えている、種の持続という考えは、進化論とは両立しないように見える。だが、彼は動物が変化するという可能性にまったく目をつぶっていたわけではないし、彼の種についての考えは、近代的進化論には必要なものだったと言える。その問題については、彼の動物学研究について述べるところで考えることにしよう。

【第五章】

実体と本質

プラトン（ミュンヘン、古代彫刻館）

†『形而上学』と「メタ」の視点

アリストテレスの『形而上学』という作品は、彼の「著作集」が編集の結果成立したことを象徴しているかのように、いくつかの性格を異にする部分からできていると見なされている。その事情は、そのような内容だけでなく、題名にも反映されている。形而上学と訳されるのは、メタピュシカ (metaphysica) という名称である。本来この名前は「タ・メタ・タ・ピュシカ」(ta meta ta physica) であったと伝えられる。「タ」は冠詞であり「メタ」は「あとに」という意味なので、この語句の意味は「自然に関するもの (ピュシカ) の後のもの」であり、編集されたときに自然学的著作の次におかれたことから、そのように呼ばれるようになったと考えられる。

ところが、後世になって、その名称が「メタピュシカ」と短縮されたあとで、その本来の意味は忘れられ、「自然学を超えたもの」という意味で受けとられるようになった。日本語の訳語も、形而下という言葉が形のある物質的なものを指すのに対して、それを超える非物質的な原理を示す形而上という言葉があてられたのは、そのような意味を踏まえてのことだと思われる。

ところで、第二章で「メタ論理」のことを述べたときに言及したように、現代の「メタ

〜」という造語法はこの書名のメタに由来している。たとえば、普通の言語に対して、言語について語る言葉のことはメタ言語と呼ばれるし、学問の場合でも、数学においてはさまざまな証明が行なわれるのに対して、証明とは何であるかというような問題をあつかう学問は、メタ数学とよばれる。そのように「メタ」という観点は、ある学問や視点の外の視点に立って見ることを示している。

その見方にしたがって、アリストテレスの『形而上学』の内容を「メタ自然学」として性格づけることもできるだろう。自然学がさまざまな自然物についての研究であるのに対して、そのような研究を可能にする条件としての基本的な概念についての考察は、メタ自然学の仕事だと考えることができる。実際に『形而上学』で行なわれている議論のなかに、そのような考察がたくさん含まれていることは疑いない。ただし、その特徴は、自然学的作品の中心的な存在である『自然学』（あるいは『自然学講義』）の内容にも言えることであり、それ以外の自然学的著作のあちらこちらに見出すことができるものである。

†第一哲学の研究対象

アリストテレスが数学と並んで自然学から明確に区別している学問の分野は、彼自身によって「第一哲学」と呼ばれている。アリストテレスの形而上学という言い方で、この第一哲学の内容を指すことが一般的になっている。ところが、その哲学が何を研究するのかということになると、一つの定まった答えが出てこないように見える。

第一哲学を自然学から区別する文脈では、自然によって成り立っているもの(自然物)以外にいかなる実体もないなら、自然学が第一の学問であろうが、何か不変の実体があるなら、それを知る学問こそが第一哲学であろうと言われている。それは、不変だが独立に存在しない対象を研究する数学と、独立に存在するが変化をまぬがれない対象を研究する自然学から区別されて、「神学」という名称でも呼ばれている。神的なものは不変の独立存在だと考えられるからである。

他方で第一哲学には、存在するものを、存在するという点から考察するという仕事も属しているという。この研究は、すべての存在に関わる普遍的(一般的)な研究であって、存在の一部分についての研究(数学が例にあげられている)とは区別されている。それには、存在するものとしての存在に属する属性についての普遍的な考察も含まれている。しかし、神学と呼ばれる研究は、存在するもののうちでも特殊なものを研究対象にしていると考えられるので、神学と呼ばれる第一哲学と、存在の普遍的研究としての第一哲学は、別々のものではないかと考えられるのである。

存在一般についての研究が、実体についての考察を中心としていることは明らかである。

健康的という形容が、健康を作りだすとか、健康の現われであるとか、さまざまな仕方で健康と関係しているように、ものがあると言われることも、すべて実体と関係づけられる。実体であることによってあるとか、実体の属性としてあるとか、実体を生み出すものとしてあるとか、さまざまな関係が考えられる。健康的なものが、すべて医学という一つの学問の対象であるように、存在についての普遍的研究も一つの学問の仕事である。したがって、その意味での第一哲学は、実体の原理や原因を知ろうとするものだと言われる。

アリストテレス自身は、不変の実体すなわち神的な存在を研究する哲学が、第一の哲学であるので、普遍的なものでもあるという言い方で、二つの第一哲学を一つにまとめようとしている。しかし、その場合には、神学の対象である独立不変の実体とは何であり、どのようなあり方をしているのかが問題になるだろう。文字通りに神であるとして、宇宙の動の第一原因であると考えるなら、それの研究に存在一般についての考察がいかにして含まれることになるだろうか。

一つの可能性として、アリストテレスの神はつねに観想している知性であるので、その観想の内容が、もしもプラトンの考えたイデアのようなものであるなら、神の研究のなかに存在一般の研究が含まれることになるのではないかと推測することができよう。しかし、アリストテレスはイデア論を批判しているのである。

†イデア論批判

アリストテレスが批判した、プラトンのイデア論がどのような考えであるかを詳しく論じるのは、本書の範囲を越えているが、簡単に言えば、ソクラテスの「何であるか」の問いに対する答えに相当するものを指してイデアと呼んだということが基本にあるのは間違いない。たとえば「美とは何か」とソクラテスが問う場合に「美しい乙女」とか「美しい花」とか答えたのでは不十分である。それらだけが美しいのではないし、ソクラテスが求めているものは、すべての美しいものに共通の美であるのだからである。そのような美が何であるかをひとまずおいて、それを「美そのもの」とか「まさに美であるもの」と呼ぶことができる。これらはプラトンがイデアを指す場合の代表的な呼び方であった。

問題はその美が「どこに」あるのかというところに現われる。ソクラテスはその美が、美しいものの「うちに」あるという言葉遣いで議論していたらしい形跡があるが、個々の美しいものはそのもののあり方に限定された美しさしかもっていないとすると、彼の問いの答えとなるような美が個々の美しいもののうちにあると考えることはできない。ある花の美しさは他の美しいものの美しさとは違った現われ方をしているので、どちらも美と同一視することはできない。そこでプラトンは美のイデアをあらゆる美しいものから離れてあるものと考えたのである。そして美しいものは美のゆえに美しいという理由で、感覚されるものの究極的な原因はイデアであると説いた。

アリストテレスの批判の中心は、イデアが個々のものから独立してあること、あるいは超越しているということに向けられているように思われる。彼によると、イデアを原因として説明する人々は、ものを数えるのに少ないと数えにくいから倍にして数える人に似ているという。プラトン自身の考えは、この世界の事物が相対性と流転性をまぬかれないものであるから、それ自体として自足した存在ではないと見るものなので、このたとえは受けつけないであろうが、アリストテレスの視点は、明らかにこの世界の事物のなかで考えることを前提としている。したがって、原因を探求する場合にも個々の（具体的な）もののうちに探るべきだということになるのである。

彼のイデア論批判は、彼自身の用語を用いて、イデアは普遍の独立存在化であるとも表現されることがある。彼の視点に立てば、イデアは多くのものに共通のものなので普遍であるが、独立に存在するのは個別的な実体だけであるので、イデアを独立存在とする主張は、イデアを普遍でもあり個別でもあるという矛盾した存在にすることになる。この難点は、イデアという実体が感覚物とは別のものとされたことから生じたのだと言うのである。

†カテゴリー論の実体観

このようにイデアを余計な想定であると見なす批判は、アリストテレスの『カテゴリー論』で語られる実体観の上に立っていると思われる。この著作においては、「第一義的な意味での実体（第一実体）」は特定の「これ」として示される個別的なもの、たとえばこの人とかこの馬などである。この実体は「これがなければ、他のいかなるものも存在しえない」と言われるように、自足した存在であり、他のものの存在を支えるものと考えられている。たとえば、白は白いものがなければ存在できないが、この人は、以前白かったのが日に焼けて黒くなっても、存在しているのである。

そのことは、前章で見た基体（もとにあるもの）という概念を用いても説明される。それ以外のものは、第一実体を基体（主語）としてそのもとに語られる（述語とされる）か、それを基体としてそのうちにある（属性として所属する）かのいずれかであるが、第一実体だけは他のものに述語づけられることも属性となることもなく、逆に他のものを述語としたり属性とする、いわば究極の基体なのである。

それに対して、われわれが一般的な仕方で人間とか馬とか言うのは、個々の人間や馬の種（エイドス）としての人間や馬であり、動物はその人間や馬の類（ゲノス）である。これらの種や類を彼は実体と呼んではいるが、それらは「ソクラテス（この人）は人間である」というように、個別的な実体の述語としても語られるものであるから、独立に存在するものではなく、二次的な意味での実体、第二実体だとされる。これを述語とする個々のものは多数あるから、この第二実体は普遍であることにもなる。この見方にしたがえば、普遍は独立に存在することはなく、それの基体となる第一実体のもとに述語づけられるという仕方で第一実体に依存していることになる。

このように、究極的な基体としての個別的な実体を土台に据えるのが『カテゴリー論』における存在論である。それによれば、実体の間には「より多く、より少なく」という程度の差もないとされる。これは第一実体の方が第二実体よりも実体であるというような比較ができないという意味ではなく、個々の実体の間で、当の実体であることに程度の差はないということである。たとえば、ある人が別の人よりも、より人間であるということはない。また、実体と反対のものが存在しないということも、重要な特徴として指摘される。むしろ、人間が白くなったり黒くなったりするように、同一の実体が相反する属性を受け入れることが実体の特徴とされているのである。

実体のこれらの特徴は、実体を基体という観点から考えるところに由来していると見ることができよう。しかし、アリストテレスの「実体」概念には、複雑な論点が入りまじっていて、その規定だけで単純にまとめることはできないと思われる。彼自身、ある文脈では、実体には質料としての実体と、形相としての実体、そしてその両者からなるものがあると言っているし、別の文脈では、実体という言葉は少なくとも四つのものに当てはめられていると言って、本質と普遍と類、そして四番目に基体という名前をあげているのである。

†質料と本質の視点

しかし、究極的な基体であることが、実体性を保証するものであるなら、基体としての質料こそが最も根本的な実体でなければならないという論点も、アリストテレスのうちに見られる。この「質料」という視点は、実は『カテゴリー論』に欠落していたものであった。「質料」というのは、ものを属性や述語の側面からとらえるだけでなく、ものの変化を考察するところに出てくる、まったく自然学的な概念である。ものの変化において存続している項は、変化の担い手であり、変化する前後先の属性や述語を担う基体であるととらえることができる。しかし、そのような基体の究極的なものを求めて、述語になりうる規定をどんどん取り去って行くなら、ふつう実体と見なされる特徴もなくなり、最終的にまったく無規定の基体に至り、これこそが最も根本的な実体であることになるというのである。

質料が基体であるということはどういうことであろうか。個別的な実体が、たとえば性質の点で変化する場合には、実体は同じもののままで存続し、性質だけが変わっているが、実体が生じたり滅んだりする場合には、実体が存続することはできず、存続するのは質料である。たとえば家の生成・消滅においては、家の形相が成立する以前から、家の質料である木材や石材などが存在し、それに形相があたえられることによって家が生じ、逆に家が破壊されて形相を失うときは、質料しか残らない。ちょうど実体と性質の場合と同様の関係が、質料と形相あるいは無形相の間に成り立っていることになる。

質料こそが究極の実体であるという考えは、ものの実質をそれが何からできているかに求める見方であり、たとえば私たちが薬の成分を当の薬品の実質を示すものと考えるのと通じる発想である。古代からそのような考えの代弁者がいたことは、アリストテレスの記述からも知られる。ある人は、寝椅子を土に埋めて、そこから芽がふくことがあるなら、それは寝椅子の芽ではなく、木の芽であろうということを根拠にして、寝椅子の形相よりもその質料である木のほうが寝椅子の実質であると主張したと言うのである。

アリストテレスは、質料が実質であるという見方もできることは認めたうえで、形相こそが実体であるという立場をとっている。寝椅子が芽を出す例は、木の芽であると言っても、それは質料の発現ではなく、形相が実現していることを示していると言うのである。

このような、形相が個々のものの実体であり実質であるという視点にしたがって、形相が「第一の実体」と呼ばれることもある。『カテゴリー論』において究極的な基体が第一の実体と呼ばれていたのとは対照的な視点と言えよう。

この視点は、「本質」という概念を通じても理解することができる。「本質」と訳されるアリストテレスの用語は、ギリシア語では「ト・ティ・エーン・エイナイ」という長い言い方で示されるが、直訳すれば「(当のものにとって)あるということは本来何であるか」という意味である。この概念の中心が「何であるか」という点にあるのは明らかである。『カテゴリー論』以外の文脈で実体というカテゴリーを説明するのに「何であるか」という表現が用いられる場合と、相通じる視点に立っていると見ることができる。これは言うまでもなく、ソクラテスの問いによって始められ、プラトンにおいてはイデア論に受け継がれた探求を、アリストテレスの見地に立って継承したものである。

それでは、本質とは何であるかと言えば、彼は「それ自体としてそのものと語られるもの」と説明する。ある人が音楽家である場合、その人が音楽家であるのは、たまたま(付帯的・偶有的)であって、その人自体によるのではない。その人が音楽家でなくても、その人でなくなるわけではないが、その人が人間でなくなったら、音楽家でないのはもちろん、その人でさえなくなろう。したがって、その人は「それ自体として」人間と語られるのであり、その人の本質は人間であって、音楽家ではないのである。

†普遍と個別の問題

ものの本質をとらえようという見方と、プラトンのイデア論との最も大きな違いは、イデアが個別的な事例のうちに限られたかたちではとらえることができないものであるのに対して、本質は個別的な実体に内在していると見られる点にあろう。しかし、その場合の本質とは、個別的なものであるのだろうか、それとも普遍的なものなのだろうか。個別的な実体に内在しているのだから当然個別的であるという見方もできるだろう。じっさい、個別的な実体の特徴である「特定のこのもの」ということは、形相としての実体にもとづいて語られるとも言われるのである。

しかし、本質が個別的なものであるとしたら、それが知識の対象となるのだろうかという疑問が生じる。アリストテレスによれば、種のみが本質規定をもっているのであって、感覚される個別的なものには定義も論証も成り立たないのである。このことは、彼にとって知識が普遍的な内容をもっていることと無関係ではない。経験は個別的な事実の集積のうえに成り立つが、知識は原理や原因の知を含んでいる。だが、原因説明は特殊な場合にのみ適用されるものではなく、同類のもののすべてに当てはまらなければならない。この、同類のものすべてに当てはまるというのは、彼の普遍の定義にほかならないのである。また個別については成り立たないと言われる論証にしても、知識を組織だった仕方で述べるものなのである。これらのことから考えれば、ものの種としての本質、すなわち種的な形相こそが、ものの実体性を表わす本質であることになろう。

それでは、本質を普遍と考えるべきであろうか。個別的なものに定義が成り立たないと言われる文脈では、質料と本質規定（ロゴス）が結びついた実体は生成消滅するが、本質規定としての実体は生成も消滅もしないとも言われている。そこで本質規定と呼ばれているものは、質料と結びついて（個別的な）実体を形づくるものであるから、そのものの本質としての形相であることは明らかである。この本質を普遍と考えるならば、アリストテレスが考えるイデア論の主張に近づいてしまうことになるのではないだろうか。さらには、普遍と呼ばれるものは、本性上、複数のものに属するものであるから、普遍がどれか一つのものの本質であることはありえないとされる。他方、それぞれのものの実体性はそのものに固有のものであって、他のものに属することはできないとも語られるのである。そうすると、内在的本質は普遍ではないということにならざるをえないであろう。

†複数の視点の共存の意義

ここには、アリストテレスの二つの視点がたがいに譲らずに自己主張しているのが見てとられる。本質を知識の対象としてとらえるためには、それは個別的なものではなく、普遍でなければならないし、本質を個別的な実体に内在するものと見ようとすると、それを普遍と考えることはできなくなるのである。彼はそのいずれの視点をも捨てようとはしなかった。本質としての形相は、いわば普遍と個別の二役を演じさせられている。それは、彼にとってはどちらの視点も重要不可欠なものだったからである。

ここで考えられるのは、内在している形相が、内在しているかぎりでは個別的であるが、知識の対象としては普遍的であるという、両面的な役割を担わされているという可能性である。これは、アリストテレスの知識論との関係から言っても有望な可能性であるように思われる。彼によると、感覚を通じて経験できるものは、個別的な対象や出来事であって、その経験から知識が得られるためには、個別的な記憶の蓄積から普遍的な把握へと（いわば）飛躍しなければならない。その際に着目されるものとしては、対象の側には形相しかない。おそらく、そのような普遍的把握が行なわれる際には、いわゆる「抽象」の手続き、すなわち具体的実体から形相のみを（思考の上で）切り離すことが行なわれているのである。この場合、抽象された（本質）形相は普遍としてあつかうことができるのに対して、抽象されていない（質料内）形相は個別と見なされうるのである。

これに対しては、抽象されても、個別的形相はあくまでも個別形相ではないかという疑問が生じる。そうでないとするならば、抽象された形相は、抽象概念という言葉で理解されるような、個別的形相と同じ実在性をもたない、派生的なもの、思考の中にしかありえないものであることになってしまうであろう。さもなければ、普遍的な形相が個別形相と別に実在性をもって存在しているということになる（その結果、プラトンのイデアと同様の存在を認めなければならなくなる）。あるいは、抽象された形相が普遍的なものであるならば、個別的な事物の中の形相も（知識の対象となるかぎりにおいて）普遍であると言わざるをえなくなるのではないか。

これをアリストテレスの矛盾として批判することは容易であろう。しかし私たちは、相対立する視点をもちながら、それを生かして行こうとする考え方の有用性を学ぶこともできるのではないだろうか。われわれが理解しようとする世界や事実はいずれにしても複雑なものである。それを一つの視点から分析することで事足れりとすることは、重要な要素を切り捨ててしまう危険性をはらんでいる。アリストテレスにおける二つの視点の共存は、少なくとも、実体をとりまく事情を立体的にとらえることを可能にしたように思われる。

複数の視点の共存は、いろいろな局面で、彼の考察において重要な役割を果たしている。たとえば、「ある」という言葉は多くの意味で語られると言われるとき、その多義性はカテゴリー間の区別であったり、次章で詳しく見ることになる可能性と現実性の違いであったり、本質の説明との関連で見た「それ自体で」と「付帯的に」の区別であったりする。このような観点の区別は、アリストテレスの考察を多面的で綿密なものにしている。

ほかの例で言うと、すでに述べた「われわれにとって」知りやすく明らかなものと「本性上」明らかなものとの区別は、研究の指針としても用いられている。自然学の研究の順序は前者から後者へと進むのが本来的だと言われるのである。わざわざ、このように注意されるのは、逆の順序を目ざすことは、理論を先に作って、事実をそれに合わせていくことになりかねないからである。ここにも、帰納法を支える視点と演繹《えんえき》論理を支える視点が、共存しつつ、彼の方法論を幅広いものにしているのを見ることができる。

彼がいろいろな問題を考察する出発点のところで、自分以外のさまざまな意見が紹介されるのも、複数の視点を生かそうとする努力の現われと見ることができる。実体という言葉が当てはめられる四つのもののうちにも、他人の主張が含まれていたのである。これは、彼が『トピカ』の中で「問答法的推論」として記述していたものであり、彼の実際の考察のなかに種々の例を見出すことができる。すなわち、アリストテレスの哲学の手法は、すぐれて対話的なものだと言うことができるのである。

【第六章】

現実への視点

ラファエロ「アテネの学堂」

†現実主義とは何か

アリストテレスは現実主義者と呼ばれることがあるが、その形容があたっているかどうかは、それがどんな意味で言われているかにかかっている。これはもちろんアリストテレスの場合に限られるわけではなくて、誰かに、あるいはある思想に何らかのレッテルを貼ることは、それが何を意味しているのかがはっきりしていなければ、何の意味もないことになる。現実主義という言葉は、一般には現実を重視するという意味合いで言われるが、その現実ということが問題なのである。

現実主義の反対は何であるかと尋ねると、理想主義という答えが返ってくるであろう。こちらのほうが比較的分かりやすいと言えなくはない。理想を高い目標と受けとって、それをどこまでも追い求めるのが理想主義者だと解することができるからである。ところが現実主義の現実は目標としては考えられていない。理想主義との対比で考えると、理想を追求せずに現状で満足するのが現実主義なのかとも思われるだろう。

もちろん、現実主義を積極的に評価する人は、そのような説明に納得することはできない。むしろ理想主義の欠点を克服しているところに現実主義の意義を見ているのではないだろうか。その場合の理想主義の欠点とは何であるかは、理想に「現実離れした」という形容がつけられる場合がどうであるかを考えてみれば分かるであろう。ひとつには現状とのへだたりが大きすぎるという意味にとることができるし、これと具体的には同じ事態であることもありうるが、実現の可能性が小さすぎるという意味で言うこともできる。しかしわれわれはふつうそのような区別を考えずに「現実」という言葉を使っているように思われる。そういう言葉の使い方は「現実主義」といった形容を卑小なものにしてしまう危険性をもっている。

このように言うのは、アリストテレスが現実主義者と呼ばれることがあるから、この言葉はいい意味で使われなければならないと言いたいからではない。何とか主義という言葉がすべてそうであるように、現実主義も非難の言葉や蔑称になりうるのは当然である。繰り返して言うが、大事なのは言葉だけの形容ではなく、それが意味している内容である。

現実主義とか現実的とか言われる場合の「現実」に対応する概念がアリストテレスにあったかと考えると、困惑せざるをえない。たしかに「事実」とか「実際」と訳しても不都合を感じない言葉はあるが、それらとこの場合の「現実」とは同じとは言えない。そのことと直接結びつくわけではないとしても、「リアリスト」という言葉はラテン語起源である。それに対して、可能性の実現という意味での「現実」概念は、疑いもなくアリストテレスが明確化したものである。この概念を調べることによって、アリストテレスが現実主義者であるとすると、いかなる意味での現実主義者なのかが見えてくるかもしれない。

†可能と現実の対概念

彼はこの新しい概念を表現するために、新しい用語を開発したように思われる。可能性のほうは、デュナミスという、「能力」とか「力」と訳される、一般的な言葉で言い表わしたが、現実性に対してはエンテレケイアとエネルゲイアという、二通りの術語を用いている。前者は「終点または完成（テロス）のうちにあること」という意味に解することができる言葉であり、後者は「はたらき（エルゴン）のうちにあること」と理解される。前者がそれほど一般的な言葉として普及しなかったのに対して、後者は「活動」という意味の言葉としてひろく使われるようになる言葉であるが、しかし彼の先生であるプラトンがそれを用いた形跡も、またその動詞形であるエネルゲインを用いた形跡もないのである。

安易に新しい用語を作ることは、必ずしも推奨できることではない。難解な哲学用語の氾濫は、哲学的思考を私たちにとって縁遠いものにしてしまう危険性をはらんでいる。もちろん、新しい考えを表現するのに、どうしても既成の言葉では言い表わせない場合には、新しい言葉を作らざるをえないことがあるかもしれない。だが、たんなる表現力不足のために新しい造語に頼る例も少なくないように見受けられる。しかも、せっかく工夫した術語でも明確な規定をあたえられていなければ、そういう言葉を使用することは独りよがりと批判されても仕方がない。

しかしアリストテレスは、新しい用語を使うにあたって、その意味を誤解のないように定義することの重要性をじゅうぶん認識していた。彼は、可能性と現実性という対概念については通常の定義がなりたたず、さまざまな例から帰納法的に理解されることを注意している。これは、彼がまだ明確に定義されていない新しい概念を提唱していることから来る苦心の現われのように見られるかもしれないが、それよりむしろ、これがきわめて包括的な概念であることの反映である。彼が考える通常の定義は類と種差からなるものであるので、定義しようと思うものを包括する類に当たるものがなければ定義することはできない。あとで見る運動変化の定義は、現実性のうちに運動変化が包括される、すなわち現実性が運動変化の類であるという関係にもとづいているが、それと同じような意味で現実性を包括する上位の類は見当たらないのである。

アリストテレスの挙げる可能的なものと現実的なものの例は、たとえば木片とヘルメス像、全体と半分（に分けられたもの）、大工の技術をもったものと家を建てているもの、眠っているものに対して目覚めているものなどさまざまである。これらの例における可能性には、何らかの作用をなす可能性と、作用を受ける可能性が含まれていて、たとえば木片は削られることによってヘルメス像になることが可能なのであり、大工は家を建てる可能性をもっているのである。あとで明らかになるように、彼は可能性と現実性にいくつかの段階的区別を考えていた。

木片はたしかに彫刻家の手にかかれば彫像になることが可能であるが、もちろんそうならないことも可能である。アリストテレスはしばしば、このような可能性が両面的なものであることを注意する。その意味で開かれた可能性と言うこともできるが、しかし何にでもなりうるわけではなく、綿からノコギリを作ることはできないといったたぐいの必然性があることは認められている。

木片が彫琢をほどこされてヘルメス像になるためには、必ず時間が必要である。完成にいたるまでのこのプロセスは、運動変化（動）として位置づけられる。完成に達したときには、ヘルメス像はもはや「可能的に」木片のうちにあるのではなく、「現実に」あると言われる。したがって、完成までのプロセスは、現実のヘルメス像でもなく、まったく可能的なヘルメス像でもない、微妙な位置にあることになる。

†生物と可能性・現実性

ヘルメス像は、いかに活《い》き活《い》きと作られていようと、あくまでも人工物であり、ひとりでにヘルメスになったわけではない。生物の場合も、可能性から現実性に達するプロセスそのものは、技術作品と同様に考えられているように見えるが、その関係はアナロジーにすぎないと思われる。動物の場合、メス親の供給する質料にオス親の提供する形相がはたらきかけて誕生にいたるプロセスが始まると考えられている。この場合には、親がプロセスの動きをあたえた始動因とされるが、彫刻家のようにつねにはたらきかけ続けているわけではない。

また、彫刻の場合にはヘルメス像になるかエロス像になるかは木片のうちで決まっているわけではないが、動物の場合には人間になるか牛になるかが決まっていなかったら大変である。ニワトリが卵よりも先であるという彼の見方は、可能と現実という対概念で表現されても変わりがない。現実のニワトリがいなければニワトリの卵は生まれないので、つねに現実性は可能性に先立つのであり、可能性が先立つのは個体の生成の順番においてのみである。この点でも、人工物の場合との類比関係はなりたっており、必ず現実にはたらく彫刻家がいなければエロス像もヘルメス像も生まれないという意味で、現実性が可能性に先立っている。

生物の場合は、現実性をえた段階が最終的な完成ではないという点が、人工物と最も大きく異なるところである。可能と現実の対として挙げられている例の中に、睡眠と覚醒というのがあったが、眠っているときでも現実に生物として生きているのであり、死んでいるわけではない。しかし目覚めたときには生命維持以上の活動をしているという点で、一段階違った現実性が実現されているのである。眼をつむっている状態と見ている状態の例は、動物の基本的能力の一つである感覚の行使が、そのような活動の典型であることを示している。

このような活動（現実活動と呼ぶことができる）は、その土台となる能力（生命が実現している段階）と段階的に区別されるといっても、可能性から一定のプロセスを経て実現されるる現実性とは異なり、能力の行使のために時間的なプロセスを必要としないと考えられている。眼を開くのに一秒の何分の一かがかかるとしても、それは視覚を実現するためのプロセスではなく、見ていない状態と見ている状態は継起的に切り替わっているのである。しかも、見ていない状態や睡眠の方が覚醒や視覚の行使より以前に起こるというわけではなく、見ている人が眼をつぶることも、起きていた人が眠ることもごくありふれたことである。したがって、このような可能と現実の対は、先の対とは根本的に異なるタイプの対概念であると言える。

生物と人工物の類比関係を先に進めるなら、人工物の場合でも、完成した段階より一つ先の段階を考えることができるであろう。たとえば道具の完成に対して道具が使用されている場合を区別すれば、人工物も三段階の可能―現実図式を当てはめることができる。しかしアリストテレス自身は、そのような類推をおし進めることはしない。おそらくその理由は単純なことで、人工物にそのような段階の区別をつけることに重要な意味を認めなかったのであろう。材料が加工されて製品として完成されることは、作品にとって実際的な変化が起こっていることであるが、作品が使用されることは作品にとっての変化ではないと考えることができる。これは彼の時代の製品についてはまったくその通りであろう。だが、私たちはたとえばコンピュータの場合には、完成品としてあるだけの状態と、使用されている状態とでは実質的な違いがあると認めることができる。しかしこれも生物の場合と比べれば、アナロジーにすぎないと思われる。

†人間の生と現実活動

アリストテレスの挙げる可能―現実の対には大工の例もあった。大工は家を建てる能力をもっており、実際に家を建てているときはそれと対応する現実性（現実活動）の段階にあるのである。この能力はしかし、感覚のような生まれつきの能力ではない。訓練と学習の結果身につけた後天的な能力である。彼の可能―現実という対概念は、生物と人工物のなりたちを類比的に理解できるようにするだけでなく、いや、そのことよりむしろ、生まれつきの能力と後天的な能力を同じ図式でとらえることを可能にした点で意義深いように思われる。動物の発生のプロセスや生得能力の行使は、生物学によって科学的に研究される事柄であるが、人間が生まれてからの発達の過程は、人間の生物的能力の発揮であると同時に、自覚的な生の営みという側面をもっている。アリストテレスの現実性概念は、これら二つの側面を統一的に見る視点を提供してくれるのである。

知識の例で見てみよう。人間が生まれつき学習する能力をもっていると考えられているのは明らかである。第一章で見たように、知ることを求めることが人間の生まれつきの本性であって、これが出発点の可能性に相当することになる。そこから学習というプロセスを経て何らかの知識が完成されると、これが第一段階の現実性であり、知識をもってはいるが行使していない段階である。そしてこの知識をはたらかせること、すなわち観想《かんそう》（テオーリアー）が現実活動の段階にあたる。このように知識や技術もまた、可能性――実現のプロセス――第一の現実性（現実活動の可能性）――現実活動というように、生命の可能性―現実性の諸段階とまったく呼応するかたちでとらえられることになる。アリストテレスは、人間は後天的な能力を開発できるところに特質があるということを、「人間は二度生まれる」というように、たんなる比喩的な表現をあたえるのではなく、可能性―現実性の対概念を通じて詳細に分析して見せているのだと受けとめることができるだろう。

それと同時に、このような理解にもとづいて、たんに能力をもっているだけでは意味がないということを強調するのも、アリストテレスの特質である。いかに優れた人でも、眠ってばかりいたらよく生きているとは言えない。現実活動の質が生の質を左右するのである。したがって、幸福ということも、生まれつきや後天的な能力だけで決まるのではなく、いかにその能力を発揮して生きるかに左右されることになる。簡単に言って、彼の幸福観は現実活動の幸福観と呼ぶことができよう。この点は、幸福論の文脈でさらに詳しく見ることにする。

動の現実性

さきに、可能的なものが完成して現実のものとなるプロセスは運動変化（動）として位置づけられると言ったが、アリストテレスによる運動変化の定義は、苦心のほどがしのばれるもののように見える。「可能的なものの、そのような（すなわち可能的な）ものであるかぎりでの、現実性」というのがそれであるが、説明なしにこれだけ読んでも、どういう意味か分かりにくいであろう。

運動変化の種類分けにしたがって個別に説明されるところでは、たとえば「変化しうるものの、変化しうるものであるかぎりでの、現実性」と言い換えられるので、変化しうるという可能性が現実になっていることが変化だということになる。このように言うと当たり前のことにすぎないように聞こえるかもしれない。しかし運動変化の定義としては、「運動変化しうるものの……」と言うとしたら、定義されるべきもの（運動変化）が定義の中に出てきてしまうことになり、定義としては失格である。その意味でも、右の定義はよく工夫されたものと言うことができる。

その定義における「可能的なものであるかぎりでの」は完成段階という意味での（第一の）現実性に達していないことを示し、「現実性」という表現は、もはや最初の可能性の段階に留まっていないこと、何かを実現していることを示しているので、結局、これは出発点となる可能性と第一の現実性との中間に位置する段階だということを示すかたちになっている。この定義が一見分かりにくいのは、前提にされている見方が定義の中には現われないからであって、アリストテレスの可能性と現実性のとらえ方が理解されれば、定義の意味も明瞭になる（次頁の図参照）。

ただ問題は、すべての運動変化が可能から現実にいたるプロセスとして位置づけられるか否かというところにあるかもしれない。彼がそのように考えるのは、あらゆる運動変化には出発点と終点とがあって、終点を現実性の位置におけば、出発点はそこに至る可能性の段階として位置づけられるからである。それは可逆的な変化の場合でも変わりがない。

【人工物の場合の例】

【生物の場合の例】

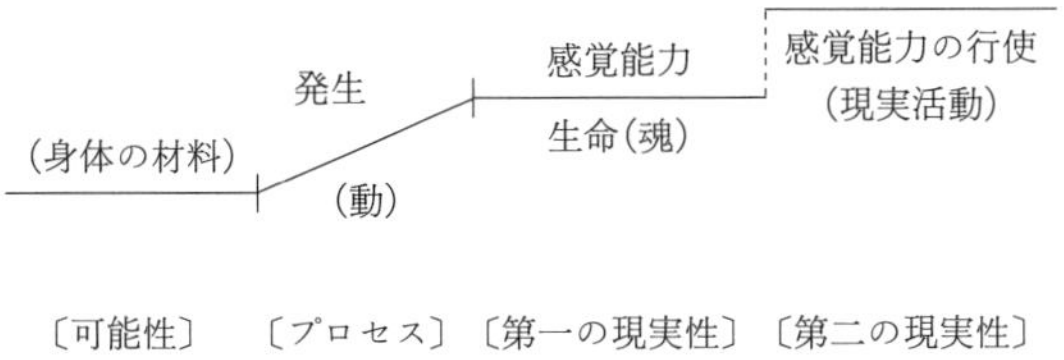

【知識の場合の例】

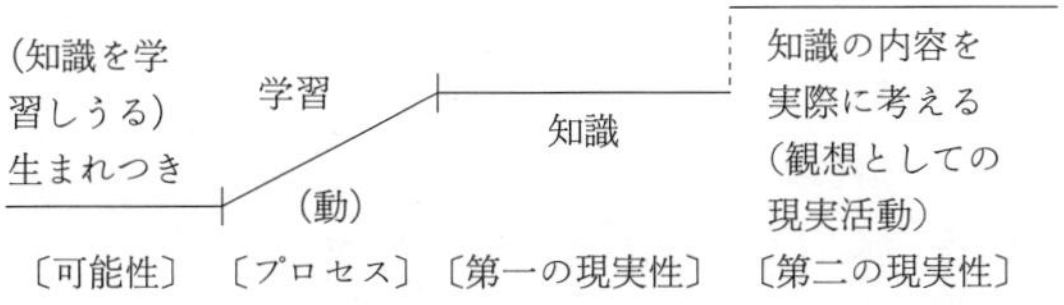

可能ー現実の段階区別 (a)

ある人が陽に焼けて黒くなる場合、焼ける前は「可能的に」黒かったのに対して、焼けてからは「現実に」黒いのだが、それは同時に可能的に白いということでもあって、日焼けがとれて白くなると、現実に白い人になるわけである。

しかし、動（運動変化）が「未完成の現実性」と呼ばれるときは、そのような可逆的な動が考えられているわけではないことが明らかである。アリストテレスが運動変化をプロセスとして位置づける発想は、生物の世界に目を向けるところから生まれたもののように見える。この場合の動には明確な方向性があって、終点（テロス）は同時に目的あるいは完成として見ることが可能である。自然のプロセスに対する彼の目的論的説明は、可能性―現実性の対概念を用いることによっても適切な表現をあたえられることは、容易に理解できるであろう。

†動と現実活動

動の「未完成」あるいは「目的未実現」という位置づけは、動と第一の現実性とが対比されることからとらえられると思われる。たしかに第一の現実性が完成であるからには、動はそこに到達する以前の段階であるという意味で未完成の現実性と言われているのだと理解できる。しかし他方でアリストテレスは、動と現実活動を対比する、興味深い議論を展開している。これは、人間の行為としての動と現実活動は、一面においてよく似たものであるからであろう。さきに学習の例を見たが、学習の成果として知識を身につけた人がその知識をはたらかせる場合（現実活動）と類似したことが学習の過程（動）において行なわれるからである。たとえば数学を学ぶときには練習問題を解くが、それは数学者が数学の問題を解くことと、種類としては同じ行為だと見ることができるのである。

アリストテレスがそれらを対比するときには、行為の種類を分類しているように見える。たとえば、学習や歩行や家屋建造は動の例としてあげられ、見ることや生きることは現実活動の例とされているのである。生物は生まれつき第一の現実性としてのさまざまな能力をもち、それをはたらかせることが現実活動であるのだから、生きることはまさに現実活動にほかならない。そして、見ることはそのような能力の一つを行使することであるから、現実活動として位置づけられるのは当然である。だがそれなら、歩くことも生まれつきの能力の行使ではないのか。また、生まれたあとで開発された能力――たとえば知識や技術――の行使が現実活動であるいじょう、家を建てるということも大工の技術の行使であるから、現実活動ではないのかという疑問が生じる。それらの間の違いはどこにあるのだろうか。

彼が述べる一つの基準によれば、見る場合には「見ていると同時に見てしまっていると言える」けれども、学ぶ場合には「学んでいると同時に学んでしまっているとは言えない」点で異なっている。実質的に同じことが、見ることは「いかなる時においても完全である」けれども、動は部分をとってみると完全ではないというかたちでも言われていることから見ると、この区別は、たんに第一の現実性に達しているかいないかの区別ではないと思われる。動（運動変化）は、大きさをもった物体に生じることであって、その完成には必ず時間の経過が必要とされるのである。

それでは、動は身体的な行動であり、現実活動は精神的な（魂《たましい》の）行為と考えられているのであろうか。そう解釈することは、学習が動に入れられたり、生きることが全体として現実活動にいれられたりすることを理解しにくくする。アリストテレスがそれぞれに属するとして例をあげているのを、厳密な分類であると考える必要はないであろう。少なくとも、彼はそれらを自分の論点を分かりやすくしようとして用いているはずである。家を建てることは、技術の行使として現実活動である側面を含んではいても、外部に目的をもった行動であることはたしかである。そして、それは家の材料が家の形相を実現するようになる運動変化をあたえる行為である。したがって、家が完成するまでは、建造という行為も完成することはないのである。家屋建造は技術の行使としては現実活動と見なされるという事情があっても、話を平明にするために、その側面には触れられていないのだと考えることができる。

　歩くことが動の例にあげられていることも、歩行が時間を必要とする（たとえば足をあげた段階で歩いているとは言えない）ということよりむしろ、目的地までの歩行がその部分においては完成されていないということから理解する方がいいだろう。この場合にも、とくに目的地がない歩行（たとえば散歩）は現実活動としてあつかってもいいと思われる。ただし、散歩の場合でも、帰路（のある地点から）は目的地への歩行になってしまうことは、私たちのよく経験することである。逆に、見ることも、活動としてとらえれば一瞬のうちに完成されているが、「何か（大きさをもったもの）を」見ることは、時間の経過をまって初めて完成されることと考えることができる。すなわち、今の区別は、目的が外にあると見なされるかどうかに左右されるものだと思われる。

†可能性の二つの意味

　もう一度、可能性にもどって考えてみよう。われわれはさまざまに可能的な世界を構想することができるが、そのことにどのような意味があるだろうか。それは、われわれが可能性をどのようなものと考えるかにかかっていると思われる。まず、不可能なものは可能性からはずさなければならない。これは最も基本的な可能性の条件である。様相《ようそう》論理学で可能性や必然性をあつかうさい、あることが不可能であることは、そうでないことが必然であると言い換えられるので、そうであることが可能であることは、そうでないことが必然でないということである。しかしこれは論理的な等値を示しているだけで、内容的なつけ加えではない。つまり、様相論理における可能性は、不可能でないということに尽きている。可能世界の可能性がそのようなものであるとしたら、不可能でないというだけの世界を想像することにどんな意義があるのか疑問になろう。

当然アリストテレスも、可能性の様相論理的な意味を認めるが、現実性と対比される可能性、すなわち実現の可能性には、もっと実質的な内容を考えている。すなわち、人間から人間が生まれるように、特定の現実性は特定の可能性から実現するのである。しかし、ある可能性が成立していることは、それが実現してはじめて証明されるので、それによって可能性を規定しようとすると、これが実現したのだからその可能性があったのだという、事後論理にしかならないだろう。だが彼は、実現される以前の条件に着目する視点をもっている。たとえば家の質料は、可能的な家であるが、質料を原因として語る場合には最も近い質料をあげなければならない。土とか水（といった元素）のレベルまでさかのぼるのではなく、あるいは立ち木でも十分ではなくて、木材として整えられていることが必要になる。このような条件を細かく考えることによって、可能性を実質的な条件によって理解する道が開かれることになるだろう。

彼の可能性―現実性概念は、したがって、現実世界を見る目に実現可能性の視点を重ねることによって、奥行きのある現実の見方を可能にするものだと言える。今現にあるものだけが現実なのではなく、まだ実現されてはいないけれども実現する可能性をもったものが現実世界の中で重要な意味をもっているのである。このような見方をするアリストテレスが、もしも現実主義者と呼ばれるとしたら、それは少なくとも現実追随型の現実主義ではないことは確かである。

【第七章】

生命の意味

「エレクテイオン」の女人柱(アテネ、アクロポリス)

†生物の特徴

ギリシア語では「エンプシューコン（empsychon）」という言葉が、無生物と区別された生物を意味する言葉であった。これは、文字通りには、「プシューケー（魂、psyche）をうちに持ったもの」を意味する言葉である。ということは、生物の生命をつかさどっているものがプシューケーであるということでもある。本来「プシューケーの理論」という意味だったpsychologyが「心理学」と訳される内容を持っているため、プシューケーは心あるいは精神的なはたらきであると考えられがちであるが、もっと広い意味で使われた言葉である。アリストテレスは、プシューケーの名のもとに、さまざまな生命機能について考察している。

生物を無生物から区別する特徴として、古くから動（運動・変化）が考えられていた。動物でも植物でも、成長することに見られるように、自分から動くことができるものは生きていると見なされたわけである。たとえば、最も初期の哲学者であるタレス（前五八五頃全盛）は、磁石やコハクがものを動かすので魂をもっている（生きている）と言ったと伝えられる。現代的な見方からすると、磁石のはたらきはもちろん、溶液の中で結晶が「成長」することも、生命現象とは区別される。アリストテレスの見方にしたがっても、動（と静止）の原理を自分自身のうちにもっていることは、無生物も含む自然物全体の特徴であって、生物だけの特徴ではない。

彼が生物にとって最も基本的な、そしてあらゆる生物に共通の特徴と考えているのは、生殖と栄養摂取のはたらきである。動物も植物も、自分と同様の別のものを産みだしてあとに残すのが見られるのである。彼はこのことが「つねにできるだけ神的なものに分けあずかるために」行なわれているのだと言う。この言葉は、プラトンが『饗宴』でソクラテスがディオティマから聞いた話として書いているエロス論を思い起こさせるであろう。そこでは、死すべき本性のものはできるかぎり不死であることを求めるが、それは古いものの代りに新しいものを残す出産によってのみ可能なのだと言われている。言うまでもなく、生物はすべて死すべきものであって、不死というのは、人間をはじめとする生きものと対比された神々の特性であるので、アリストテレスも生殖作用によって生物が存続することを「神的」と表現しているわけである。

ここで生殖と栄養摂取が一緒にされているのも不思議なことではない。栄養摂取とは、外からとり入れられたものを生物が自己に同化して、成長したり、自己のあり方を維持したりするはたらきである。プラトンも、出産の話とまったくパラレルなこととして、個体の維持のしくみについて語っている。すなわち、人間は生まれてから死ぬまで同一人と呼ばれるが、身体はけっして同一を保っているわけではなく、全体にわたって個々の部分が死滅しながら若返っていると言うのである。したがって、生殖も栄養摂取も、自己の再生産という点で共通していることになる。現代の生命科学者が生命の本質について述べる場合にも、当然のことながら、この自己再生、あるいは自己複製ということを最も基本的な特徴としてあげている。

†生物と進化

現代の生命科学者のなかには、生物の本質的な特徴として「進化すること」をあげる人もいる。本質というのは、そのものであるためには欠くことのできない特徴であるから、そういう主張に対しては、進化が止まっている生物は生物ではないのか、あるいは、進化していない間は生物ではないのかという素朴な疑問が生じる。しかし進化という話題は、アリストテレスにとっては不利な土俵だと言えるかもしれない。すでに見たように、彼の見方にしたがえば、生物が次の世代にその本質的な形相を伝えることによって、生物の形相はほとんど必ず維持されているので、生物の種が変化する可能性は封じられることになるからである。

それに比べると、初期の哲学者たちの方が柔軟な考え方をしていたと思われるかもしれない。たとえばアナクシマンドロス（前五五五頃全盛）は、最初の動物は水分のあるところにいたが、時間の経過とともに乾いたところに移り住んだという考えや、人間は最初は別のあり方の動物から生まれたという考えを述べたと伝えられている。後者の考えには、人間は養育に時間がかかるため、最初から今のようなものだったら生き延びられなかったろうという理由も結びつけられている。そこでは、環境の変化とともに、人間をも含む生物が変化したという可能性が認められているのは明らかである。

また、エンペドクレス（前四四五頃全盛）は、彼の周期的な宇宙論の、ある段階においては、異なる生物の器官がたまたま結びつくことによって、牛の頭をもった人間などの、奇妙な動物が生じることを述べている。アリストテレスがその考えに言及する文脈では、目的論に反対する立場からの説明が紹介されている。すなわち、ある生物のそれぞれの部分が、あたかも何らかの目的のために生じたかのような結果になっている場合にはその生物は生き延びるが、そうでない場合には人間の顔をもつ牛のように滅びてしまったという説明である。それがエンペドクレスの考えであろうとなかろうと、進化論のメカニズムの説明に用いられる、「適者生存」と同様の考えとして受けとることができよう。

しかしながら、アリストテレスの見方が、アナクシマンドロスやエンペドクレスの出した進化論に逆行するものであったと考えることは、時代背景を無視したアナクロニズムの間違いを犯しているだけでなく、進化論に対しても無理解をさらけ出すことになると思われる。彼以前の素朴な「進化」説は、たしかに目をみはるべき洞察を示してはいるが、近代の進化論との根本的な違いは、種《しゅ》の概念の不在にある。たんに生物の変化の可能性を認めるだけでは、近代的な意味の進化論とは言えず、新たな種が生まれる仕組を説明することが重要なのである。そのためには、基本的には種が維持されているのだという見方が、すでに確立されていなければならなかった。この仕事は、ほかならぬアリストテレスによってなされたのである。

彼が重要な箇所でよく用いる「人間が人間を生む」という言葉は、種的な形相が世代を越えて維持されていることを、端的に表現したものであるが、観察できる範囲では、サルが人間を生むようなことが起こらないのは、昔も今も同じである。観察データを重んじたアリストテレスが、生物の種は変わらないという考えをもったのは、少しも驚くべきことではない。しかも彼は、例外的な場合があることを無視していなかった。自然の出来事は「つねに」そうであるというだけでなく、「たいていの場合」という表現もつけ加えているのである。生物の場合にも、種的形相が厳密に実現されないことがありうる。しかし、それは種の変化という事態でないことは明らかである。

しかしながら、進化論が成り立つためには、どこかで「人間が人間を生む」という記述が真でなくなることがあったはずである。それがどのようにして起こったのかは、進化論の状況証拠が十分あるからといって、回避される問題ではないし、今でも完全に答えられてしまったとは言えない問題である。このような問題が明確に考えられるためには、種が基本的には維持されるという大前提がなければならなかったのである。

†動物の研究

おそらくプラトンのもとで学ぶことを最初から目的として、遠路はるばるアテナイまで出て来たアリストテレスが、師の死後ではあるけれども、あまり師の関心をひいたとは思われない動物学の研究に乗り出したのは、なぜであろうか。序章で見たように、彼が子供のときに亡くなった父ニコマコスがマケドニア王の侍医であり、母親のパイスティスも医者の家系であったということの影響だとする見方が古くからあるが、たしかに無関係とは考えられない。純粋に哲学的な問題を考察する文脈でも医術や健康といった例がよく出てくることも、その推測を説得力のあるものとするであろう。

他方でアリストテレスは、動物が自然の所産であるという観点から、それを研究することは、自然が生みだした秩序や目的性の美しさの認識であり、知を愛する者(哲学者)にはかり知れない喜びをあたえてくれるということを指摘する。このことは、動物の部分を詳細に観察することが不快感をともなうことがあるという事実にもかかわらず、動物の研究が崇高なものであるということを強調する文脈で語られている。すなわち、動物研究を自然世界全体の秩序や美の認識の一部として位置づけるのが彼の視点だと言える。つまり彼の研究は、自然世界が最高度の秩序をそなえていると見たプラトンの見方を受け継ぎ、さらに発展させていると見ることができる。

自然の秩序を認識するためには、事物の形相的側面に着目することが必要である。動物の部分や器官を研究する場合にも、その対象や目的が質料ではなく、むしろ全体的な形相であると考えなければならないということが指摘されるのである。それに対して質料は、全体から切り離されては存在することができないと注意される。形相の場合は、思考の上で（抽象によって）質料から切り離されても意味をもつが、質料だけを切り離すと、それが全体との関係でもっていた意味を失ってしまうことになるのである。

それは身体の部分あるいは器官にしても同様である。それぞれの器官は、人工的な道具がそうであるように、何らかのはたらきを目的としていて、全体としての身体は、その生きもの全体の複合的なはたらきのためにある。したがって、彼の見方によると、たとえば手が全体から切り離されてしまったなら、それは名前の上でしか手と呼ぶことができないもの（「同名異義的な」手）となってしまう。つまり、それはいかなる意味でも手の機能を果たすことができないために、その本質を失い、手の定義が成り立たなくなっているのである。

全体としての身体が何らかの活動のためにあるということから、アリストテレスは、身体は何らかの仕方で魂のためにあるという結論をも引き出している。この「魂（プシューケー）」という言葉は、さきに見たように、さまざまな生命のはたらきをなすものを指すものである。人間のはたらきとしては、心と訳すことも可能な機能を含んでいるが、他の動物や植物と共通する機能も含まれるため、広い意味では生命と言い換えることができるここでは、そのような含みがあることを念頭におきつつ、便宜上「魂」という訳語を用いることにする。

したがって、アリストテレスの動物研究は、自然世界の秩序を追求する研究であると同時に、生命のはたらきについての基礎研究という意味をもっていたと言えよう。人間との関係で、たとえば人間と比較するために、動物について考察した哲学者は少なくないが、具体的な動物そのものを対象とした、彼ほどの広範囲で綿密な研究は、近代にいたるまで行なわれたことがなかった。その研究は、生命のはたらきについての彼の考察にも、大きく役立ったことは明らかだと思われる。

†魂と身体

アリストテレスは、魂（生命）を可能―現実という対概念を用いて定義している。最初「可能的に生命をもつ物体の形相としての実体」が魂であると言われるが、これは最終的な定義ではなく、それにいくつかの説明がつけ加えられる。形相としての実体というのは、質料としての実体と、形相と質料を合わせた（具体的な）実体との対比で言われるのである。もちろん今の場合は、可能的に生命をもつ物体すなわち身体が質料であり、両方を合わせたものというのは具体的な生物であるが、生物が生物であるのは、魂という形相がそなわっているからだということである。

可能的に生命をもつ物体といっても、どんな物体でも魂をもちうるわけではない。物体が魂をもっているということは、生命の機能をはたすことができるということ、言い換えれば、その機能に対して道具のような役割をになうことを意味する。したがって、それは道具（organon）としてはたらく（organikon）物体と言い換えられる。ギリシア語の道具という言葉（オルガノン）は、生物の場合には器官（英語ではorgan）という意味で使われることになる。また、可能的に生命をもつ物体は、魂がそなわってはじめて現実に生命をもつものとなるのだから、魂は現実性でもある。ところが、さきに見たように現実性には二つの段階があるので、魂は第一の現実性であることになる。そこで、最終的な魂の定義は「道具としてはたらく物体の第一の現実性」と言われるのである。

このような一般的定義は、生命についてあまり実質的なことを述べていないとも言えよう。アリストテレス自身、十分な説明は魂の個々の機能を述べることによってあたえられると考えているのである。しかし、だからと言って、この定義があまり意味のないものだということにはならないであろう。可能性と現実性による説明の枠組が当てはまっていると明言することによって、生命が何の条件もなしに生じるものではなく、質料因や始動因をもち、一定のプロセスをへて実現されるものであること、そしてこの生命を土台として、さまざまな機能をはたらかせることができるという、全体的な見通しの中で生命をとらえることができるようになる。その見通しは、個々の機能の説明によってあたえられるものではない。

またこの定義は、魂と身体の関係についても一つの見方を示していることになる。魂が身体の形相であり、現実性であるなら、それが身体から独立に存在できるとは考えられないのである。プラトンが魂の独立性・不死性を主張したことはよく知られているが、アリストテレス自身も、公表するために書いた作品の中で、知性が不死であるという議論を行なったことは、残された資料から疑いない。彼はプラトンだけでなく、比較的若いころの自分をも批判しているのであろうか。

　現実性による魂の定義のあとで、魂が身体から切り離せないということが指摘されるさいに、ある部分は、いかなる身体の現実性でもないことによって、身体から独立に存在できるという可能性が語られている。そして、魂の部分が別々に分かれたものであるのか、説明あるいは定義のうえでのみ区別されるのかという問題を論じる文脈では、知性すなわち観想する能力については、まだ明らかではないと言ったうえで、それが魂の別の種類のようであると述べて、別の種類なら「不滅のものが滅びるものから独立であるように」分けられうると語っている。

　このことは最終的な結論として語られているわけではないことに注意する必要はあるが、知性が身体から独立に存在することを、彼がけっして頭ごなしに否定してはいないことは明らかである。またプラトンも、おそらく最終的には、魂の最も上位の部分すなわち知性的な部分だけを不死と考え、他の部分は身体とともに滅びるという考えを示しているので、もしアリストテレスが、知性だけは魂の他の部分とは違って、身体から独立に存在しうると考えているなら、その立場はプラトンと異ならず、彼自身の若い時とも一貫していることになろう。それは結局、知性が身体とどれくらい関わっているかに左右される問題であることになる。

†魂のさまざまな機能

生命の機能を、アリストテレスは階層的にとらえている。植物にそなわっている栄養機能と生殖機能は、人間にも、他の動物にもあるが、感覚や運動のはたらきは、植物にはそなわっていない。感覚の中でも、触覚はすべての動物に共通のものだが、ほかの感覚はもたない動物がある。また、表象や記憶をもつ動物は比較的少なく、ことわりを理解する能力にいたっては、それをもっているのは人間だけである。このような見方は、したがって、同時に人間を頂点とした何層もの段階に生物を位置づける見方でもあることになる。

生命機能の各論が、彼の生命論の実質的な部分であるといっても、ここでその細部に踏みこむ必要はないであろう。感覚の場合について、ほんの少しだけ見ておこう。感覚には五つの種類があるという点は、一般の人々の見解とほとんど変らない。目につく特徴は、一つだけの感覚によってではなく複数の感覚によって知覚される内容を考えるところに見られる。色は視覚によってしか知覚されないが、形は視覚によっても、触覚によっても知覚されるのである。そのような「共通感覚対象」としては、動きと静止、数、大きさがあげられている。

この対象を知るのは、五つの感覚以外の感覚ではないということが注意されている。そのような感覚のための器官は存在しないし、それぞれの感覚がそれらの対象を直接知ることができるからである。なぜ複数の感覚が共通感覚対象を知る必要があるかという問題には、誤りを避けるためという答えがあたえられる。また、別々の感覚の内容を区別するのも、五つの感覚とは違った感覚のはたらきではない。それぞれの感覚は別の感覚の内容を付帯的に、つまり同じものに属しているものとして知ることができるのである。ただしそのためには、異なった感覚が何らかのしかたで統一されていなければならない。

外部の刺激がなければ感覚が生じないことは、可能と現実の対概念を用いて説明される。感覚能力をもっているものは、可能的に感覚するものであって、それが現実に感覚するためには、感覚を現実化する別のものが必要である。そのことは、可能的に火であるものが現実に火となるためには、現実に火となっている別のものが必要とされるのと同様だという。しかし感覚を現実化するものとは、現実に感覚している者ではなく、感覚されるものと、それが感覚されるための条件である。

感覚機能と感覚器官の関係は、魂全体と身体全体の関係と類比的にとらえられていて、目が生き物であるとしたら、視覚がその魂であることになると言われる。その際、目は質料の位置において考えられていて、視覚がなかったら、名前のうえで(同名異義的に)しか目ではないと言われるので、視覚が感覚器官としての目に還元されてしまうことはない。

視覚という機能がつけ加わることによって、はじめて目は視覚器官としての役を果たすことができるのである。そのためには、当然のことながら、そのような機能を果たしうる構造をそなえている必要がある。

†生きる主体の視点

視覚が目の構造をもとにして生じる機能だととらえる見方は、魂全体の機能が身体の構造によってなりたっているという見方を連想させるであろう。しかし、魂が身体の構成要素の調和あるいは音階のようなものとして、身体の構造に依存しているという説を、プラトンは否定したが、アリストテレスも反論し否定している。その論点の一つは、魂の属性として動をひき起こす能力があるが、調和にはそのような能力が属することはありえないというものである。

魂を身体の形相あるいは現実性ととらえる彼の見方が、魂が（おそらく知性を例外として）身体から独立に存在できないということを意味しているからといって、そのことから魂が身体に一方的に依存するものだという結論が出てくるわけではない。身体の形相と言っても、いくつかの層に分けてとらえなければならないものが含まれているように思われる。目のもっている構造も、そのまま目の機能とは同一視されていないのである。

アリストテレスが「怒り」について説明するときには、「血の煮えたぎり」と「復讐の欲求」という二つの表現がなりたつと言っている。前者は怒りの質料、後者は形相の説明としてあたえられている。しかし、血を質料と考えれば、煮えたぎりがそれの形相であると思われるであろう。すなわち、血という質料に煮えたぎりという形相がなりたつとき、怒りが成立するということになる。しかしこれでは、怒りの説明になったとしても、質料的側面の説明にしかならない。血が煮えたぎるから復讐への欲求が生じると考えるなら、怒りはつきつめれば質料的側面だけによって説明されることになろうが、そのような関係も想定されてはいないのである。

魂が身体の形相であるという記述を解釈する仕方は、おそらく一通りではないだろう。しかし、今の例から考えられるのは、魂と身体の関係の中で、生理的な要因は質料の側に、心理的な側面は形相の側において説明しようとしているということである。血の煮えたぎりまでは質料的すなわち生理的な条件で説明できるとしても、復讐への欲求がそれで説明できるとは考えられない。これは心理的な要因で説明しなければならないであろう。

復讐への欲求に代表されるのは、心理的な側面であり、生きる主体としての人間の視点から見た生命のはたらきでもある。現代の生命論の見方は、生命を客観的に把握しようとするアプローチが主流になっていると思われる。科学的なアプローチとしては、当然のやり方であるが、生命を客観的にとらえるだけでは、生命観としては一面的な見方に留まることになる。生きる主体としての視点から生命をとらえることがなければ、生命の全体像をとらえたことにはならないであろう。アリストテレスの視点は、そのような片寄った見方に偏するものではなかった。その視点は、実践哲学との接点ともなるものとして期待できるのではないだろうか。

【第八章】

善の追求

アテネの「アゴラ博物館」(アッタロスのストアの復元)

†あらゆる研究は善を求める

アリストテレスの『ニコマコス倫理学』の冒頭は、「あらゆる技術や研究、同様にあらゆる実践や意思選択はみな何らかの善を目ざしていると思われる」という言葉で始まっている。『形而上学』冒頭の「人は誰でも生まれつき知を求める」という言葉と双璧と言ってもいいほど、読者の（おそらくむしろ聴講者の）心をとらえる響きをもっている。それと同時に、これから始まる講義の考察の中心に、善という問題があることを明瞭に予告する役割を果たしている。われわれの行為すべての目的となるものがあるとすれば、それは善あるいは最高善であると言って、彼は善についての知識の重要性を強調するのである。

彼もまたプラトンと同様に、善についての知識が、もろもろの学問・技術の中でも最も指導的な役割をになったものに属すると考えており、政治の技術の役割と見なしている。ということは、私たちに「倫理学」という題目のもとに伝えられたアリストテレスの講義は、政治学の一部、あるいはそれとひとつながりのものであったということでもある。われわれの生活における善の意義は、個人のレベルでも考察されるが、国家社会の全体において考察するほうが、もっと包括的な把握となるのである。

また、この考察がたんなる知識をめざすものではなく、実践が目的とされているのだと注意されていることも見逃すことはできない。そのため、経験の不足な者も、人格の未成熟な者も、聴講者としては不適格であると言われている。倫理学・政治学の考察は実際の行為を対象としているので、それについてある程度の経験は不可欠であるし、情動のままに行動する人間には、このような考察がためになるとは考えられないというのである。

†善のイデアへの批判

あらゆるものの目的として、あらゆるものの頂点に立つ「善」という発想は、プラトンの「善のイデア」を連想させるであろう。アリストテレスは「善のイデア」も批判しているのだが、イデアを主張した人々は親愛なる人たちであるからと言って、そのときに見せる一種のためらいが注目をひく。真実と親しい人とは両方とも大事だということを断ったうえで、真理の方を優先するという態度を表明しているのである。これについても、プラトンの『パイドン』におけるソクラテスが、ソクラテス自身のことより真実のほうを気にかけて議論するよううながす場面を連想する人がいるであろう。

批判の論点は、イデア論全体に対する批判の場合と同様、アリストテレス自身の概念の枠組みにそったものである。その一つはカテゴリーの区別を前提にしている。善と言われるものはカテゴリーによって違っていて、実体では神や知性、性質では徳、数量では適度など、さまざまであるので、それらすべてに共通な類となる善はありえないと言うのである。また、善のイデア（善そのもの）が存在するためにはすべての善に一つの学問が成立していなければならないが、実際には同じカテゴリーに属する善についても複数の学問があるという。時間のカテゴリーにおける善である好機についても、戦争の場合には将軍の技術が、病気の場合には医術がそれをあつかうのである。

その他の論点の細部に立ち入ることはさし控えて、この文脈で重要な論点を一つあげるなら、善そのものを知ることが、よい行為や善の獲得に役立つという主張に対する反論がある。すべての学問が何らかの善を目ざしてはいるのだが、善そのものを目ざすことはないと言う。医者が善そのものを知ることが治療に役立つと考えられないだけでなく、医者が知ろうとするのは健康そのものですらなくて、個々の人間の健康であると言うのである。言い換えれば、医者は病気を相手にするのではなく、患者を治療するのだということにもなろう。この見方は知識の普遍性という特徴と矛盾するように見えるが、知識や技術の間に彼がつけた、理論的なものと実践的・製作的なものとの区別にしたがえば、後者については厳密な証明を求めるような議論はできないのであり、ここの文脈は実践的な問題を扱うものなので、対象の個別性がとくに強調されているのだと考えられる。

このように善のイデアに対する批判を展開する一方で、彼はもろもろの善がすべて等しく、よい（善）と呼ばれるのは、偶然の一致による同名異義語としてだとは考えられないということも指摘している。それらがすべて同一の善に由来するのか、一つの善に帰着するのか、あるいは類比的に善であるのかといった可能性をあげながら、ここではそのことも、またイデアのことも厳密に論じることはできないと断っている。善のイデアのようなものが存在するとしても、それは人間が直接行なったり獲得したりする善ではないが、この文脈で問題にされるのは、そのような善、すなわち「人間に関わる善」なのである。

†善と幸福

人間的な善のうちで最上のものは何かと言えば、たいていの人々は幸福であるという答で一致すると言われる。ここで「幸福」と訳したギリシア語は「エウダイモニアー」であるが、この言葉を幸福とか英語のハッピネスとかいうふうに訳すべきではないという意見がある。たしかに、世間一般に通用している幸福の概念と、アリストテレスやソクラテス、プラトンが論じる「幸福」との間にへだたりがあるのは事実である。しかし彼らが使った言葉も、一般には世間的な幸福を意味する言葉であったのだから、アリストテレスの文脈でもそれ以外の訳語をあてるのは適切とは思えない。

彼によれば、幸福であることと「よく生きる」ことが同じであるということについても人々の考えは一致しているが、それが具体的に何であるかという点で意見が分かれているのである。富を善とする生活は、金銭がほかのもののために役立つものであって、最終的な目的とはならないという理由で簡単に片付けることができるので、考察に値する候補は、快楽、名誉、観想（テオーリアー）の三つとなる。実際に人々が営んでいる生活は、これらをそれぞれ目的とする生活であるというのである。

この三区分は、プラトンが『国家』で提唱した、人間の魂を三つに区分して、それに応じて人間のタイプも区別する見方と、まったく対応するものだと見ることができる。快楽をめざす生活は、プラトンの区別では魂の欲望的部分とそれが支配する人間に対応するし、名誉をめざす生活は激情的部分とそれが支配する人間に、観想をめざす生活は知を愛する部分とそれが支配する人間に、それぞれ対応しているのである。それはまた、ピュタゴラスがオリンピックに集まる人間を三種類に分けて、哲学者を見物人になぞらえたという、少し後の資料に出てくる話とも、符節を合わせている。プラトンやアリストテレスだけの特殊な見解というより、多くのギリシア人に共有された見方を背後にもっているのを想像することができるだろう。

第一章で見たように、観想的な知とは、知ることのために求められる知である。観想という言葉のなじみのなさのために、アリストテレスだけの特殊な概念であるように見えるかもしれないが、実用ということから離れて、ただ知ることだけを求めるということは、古代ギリシアではけっして珍しい考えではなかったと思われる。プラトンが提起した課題から出発したと伝えられる、惑星の運動理論の探求など、その典型と言えよう。天文学者たちは、それを何かに役立てようという目的なしに、ただ惑星の見かけ上の不規則な運動を説明することだけのために、さまざまな幾何学的モデルを考えたのである。そのような観想知を幸福論の中で位置づけようとするところには、アリストテレスの特色が現われていると言えよう。

名誉が幸福の候補とされるのもギリシア的な特徴であると考えることができる。しかし彼が名誉に認める意義は、あまり高いものとはいえない。名誉は、それを受ける人よりもあたえる人に左右されるので、表面的なものに思われると言う。たしかに名誉に値するような優れた人が実際に名誉をあたえられるとは限らない。そうすると、名誉を受けることよりも、名誉を受けるに値するような徳を持っていることの方が大事であることになる。しかし徳も、もっているだけでは十分ではないというのが、アリストテレスの重要な指摘の一つなのである。

†快楽と現実活動

快楽をめざす生活に対して、彼は低い評価しかあたえていないように見える。しかし、快楽が無価値なものだとか、幸福に対して快楽が意味をもたないと主張しているわけではない。むしろ、快楽が悪しきものであると主張する人は、自分の所説に実際の行動で反対することになるし、快楽のうちに悪いものがあるとしても、そのことが別の快楽が最高善であることを否定することにはならないといったことを指摘しながら、快楽の価値を擁護し、幸福論の中に位置づけようとしているのである。

快楽(と苦痛)が徳と密接な関係があるというアリストテレスの指摘も、聞き流すことのできないものである。私たちは、正しい人すなわち正義の徳をもった人とは、たんに正しい行為をなす人のことであると考えがちだが、彼の視点からすれば、喜んで正しい行為をしている人だけが正しい人なのであり、同じ行為をしていても苦痛を感じつつしている人は不正な人なのである。彼によれば、徳とは一種の完成状態であって、ほんとうの正しい行為はそのような状態にもとづいた活動でなければならないのだが、それを判別できるのが快楽と苦痛なのである。

快楽が最終的な目的とならないという論点の一つとして、快楽は目的に向かうプロセス

（過程）だという見方があげられているが、それに対しては、快楽は過程ではなくて、むしろ現実活動であるという反論が述べられる。第六章で見たように、プロセスは動であって、現実活動とは区別されているが、アリストテレスは快楽が過程ではないということを論じる際にも、この区別を用いているのである。

その区別によると、見るということはいかなる時間をとってみても完全である、すなわち、見るということの形相に不足があって、それがあとで完成されるということは少しもない。それは、家屋建造などの動は、それが行なわれる時間の全体においてはじめて完全なものとなるのと対照的である。家の部分を造っているときには、まだ家屋建造は完成していないのである。それに対して快楽は、見るという活動の方に似ていて、いかなる時間をとってみても、快楽の形相は完全であるとされる。あるいは、快楽の部分を感じるということはないのであって、快楽を感じているときは、その快楽は一つの全体としてとらえることしかできないものなのである。

人間の現実活動はすべてプロセスを経て実現された何らかの状態（持前）にもとづいていると思われる。たとえば感覚は、動物の発生のプロセスによって完成され生まれついた持前であり、知識は学習によって身につけた持前であって、その持前をはたらかせること、たとえば見ることは、その持前にもとづいた現実活動である。そうすると、快楽はどんな持前をはたらかせる活動であろうか。アリストテレスは、快楽が基礎とする持前には言及しない。その代わりに、快楽が生じる場合に行なわれている活動を可能にする持前を説明に用いている。たとえば、個々の感覚の最善の活動は最も快い活動であるし、思考においてもその他の活動においても、最も完全な活動がなされる場合に最大の快楽を味わうことができるのである。

この説明のしかたによれば、快楽は現実活動に付随するものとなる。だがそのことは、快楽そのものが現実活動であるという言い方と、必ずしも矛盾するものではないであろう。現実に快楽を味わうためには、何らかの持前が必要なはずである。それは感覚にともなう快楽の場合のように、おそらく生まれつき実現されている持前であったり、他の後天的な持前とともに育てられたものであったりするであろう。彼がプラトンの考えを引き合いに出しつつ、喜びをおぼえるべきものに喜びをおぼえるように教育が行なわれるべきだと言う時には、徳の育成と同時に、適切に快楽を感じるための持前が育成されると考えているのだと思われる。

さて、快楽は優れた現実活動に付随するとき、その活動を完全なものにすると言われる。だがこの快楽は、すべての快楽ではないことは明らかである。どの快楽が付随する活動も優れたものであるとは言えない、あるいは、活動のあいだには優劣の差があるのである。

そのため、アリストテレスはどんな快楽でも快楽と呼ぶことには賛成しない。厳密な意味での人間の快楽とは、幸福な人の活動を完全なものにするような快楽のことだと言うのである。

†愛の価値

善の探求のなかでは、愛についての考察も重要な位置を占めている。彼は、他の善いものをすべてもっていても、親愛なる人なしに生きることを選ぶ人は誰もいないだろうから、愛は必要不可欠のものであると言う。愛はまた立派なものでもあって、一種の徳であるか、徳と結びついたものだと考えられる。したがって、人間愛に富んだ人々は賞賛の対象となるし、たくさんの友人をもつことが立派なことの一つと考えられていると言うのである。

ここで愛と訳したギリシア語は、ピリアー(philia)である。この言葉の形容詞形はピロスであり、親しい・親愛なると訳すことができるが、それが名詞的に用いられる場合には、友という訳語が当てはまる。すなわち、基本的には親愛の情全体をカバーする言葉であり、親子の情愛も含まれるが、最も典型的なピリアーは友人同士の愛、友愛であって、アリストテレスの考察もそのような愛を中心にすえている。

言葉のうえでは、知を愛すること(哲学)という意味のピロソピアー(philosophia)や、それに類する言葉が、ピリアーと同語源の部分(philo-)を持っているが、それらの場合の愛は愛好とか愛求と訳すことのできるものであり、人間が相手であるわけではない。それに対してアリストテレスが論じているのは人間同士の愛である。したがって、これは一方的な愛であってはならず、相互に知られている必要もある。このような愛には「相手にとっての善を願うこと」という規定があたえられる。哲学が知を愛することだと言っても、知にとっての善を願うという意味ではないことは明らかである。

彼は愛されるものに、善いもの、快いもの、有益なものの三通りを区別し、愛にも三通りの種類があると言う。まず有益性ゆえの愛があって、この場合にも、相手にとっての善を願うという規定はもちろん当てはまるが、その愛は自分に有益なものが相手からあたえられることに支えられている。また、相手にとっての善というのも、この場合には有益性である。快楽ゆえの愛も同様であって、相手が自分にとって気持ちのよい人であるかぎりにおいて、相手にとっての善、すなわち快楽を願うことが特徴である。

したがって、そういう条件がなくなれば愛も簡単に解消されてしまうことになる。友情の動機にそのような要素が含まれていることを認めるのは愉快なことではないが、困ったときの友こそ真の友であるというような言葉があることは、逆に、羽振りがいいときだけ群がる友もあるということを示しているのである。また、気の利いた言葉が魅力で親しくなった人も、その機知が鼻につきだすと親愛の情も冷めるであろう。若者はとくに快楽を求める傾向が大きく、彼らが快いと感じるものも目まぐるしく変わるので、若者はすぐに親しくなったかと思うとすぐに疎遠になるのだとアリストテレスは指摘する。逆に老人は、利益のほうに流れやすいというのである。

それに対して、理想的な場合には、同等に優れた人同士の間に愛が成立する。そういう人たちは、自分自身にもとづいて善い人であり、相手にとっても善い人である。この場合の愛は、相手にとっての善を相手のために願う愛であって、お互いが善い人であるかぎり持続するという。同時にそれは、容易に短時間で成立することができない、まれに見る愛でもあると指摘されている。

このような愛は完全（究極的）な愛と呼ばれているが、自分のためにという動機が見られないという意味では、純粋な愛と呼ぶこともできるだろう。同時にまた、この愛は他の二種類の愛がもつ特徴をも兼ねそなえているということが指摘されている。善い人たちは、お互いにとって、快い人々でもあるし、有益な人々でもある。ただし、この場合の快さは優れた人にとっての快楽、すなわち優れた活動にともなう快楽であり、有益さも同様に、お互いを向上させるというような有益性であることは言うまでもない。

アリストテレスがこのような純粋な愛について語るのは、それを目標に掲げるという意図はもちろんあるに違いないが、これだけが本当の愛であって、他の種類は偽物だと主張しているわけではない。他の種類の愛、すなわち普通に私たちが経験できる愛も、これに類似していることによって愛の本質的な特徴をそなえているのである。したがって、愛の価値についてもまた、純粋な愛を基準にして考えることができよう。その愛は、お互いに善いものをあたえあい、善いものを受けとる関係であった。善さの質の違いを忘れさえしなければ、すべての愛に類似した価値を認めることができるであろう。

†自己愛と愛

愛の価値を、それによって私たちが善いものを得られることだと考えると、愛することよりも愛されることに価値があるように思われるかもしれない。この点について、アリストテレスは、愛の本質が愛されることよりもむしろ愛することのうちにあるという考えを示していることが注目される。彼がその証拠としてあげるのは、愛することを喜びとする母親の例である。事情があって養子に出した子供に愛されることによって報われることがなくても、母親のその子に対する愛情は少しも変わらずに、子供が幸せであれば満足するという場合がそれに当たる。また、友を愛する人が賞賛されるのは、愛の価値が愛されることではなく、愛することにあるということだと考えられるのである。この見方は、愛の無償性という考えにもつながるように思われる。

今の、母親の例は、友人同士の愛ではなくて家族に対する愛である。さまざまな親族に対する愛は、すべて親子の愛にもとづいているという考えが示される。親は子供を、自分から出た、自分たちのものとして愛し、子供は親を自分たちがそこに由来するものとして愛するのである。しかし当然のことながら、親の子に対する愛と、子の親に対する愛とは均等ではない。それは、親が子供を自分のものと思うほどには、子供が親のことを自分のものと思わないということが理由の一つとなっている。親にとっては、子供は自分のあとに残す「もう一人の自分」であるのである。純粋な友愛における友も「もう一人の自分」としてとらえられているが、そのような愛の原型は、親の子に対する愛にあると言うことができるであろう。

だが、もう一人の自分に対する感情や態度が愛であるなら、自分自身に対する愛が最も根本的なものだとは言えないであろうか。少なくとも、優れた人は、友人に対する態度と自分に対する態度の間に違いがないと言われるのである。しかしアリストテレスは、自分を大事にする気持ちを愛と呼びうるものかどうかを自明のこととは考えていない。自己愛と同じ態度がほかの人々に向けられたときに愛と呼ばれるということは認めるのであるが。その背景には、自己愛が利己主義として非難されることがある、あるいはそういう種類の自己愛が自己愛の典型と考えられているという事情がある。

自己愛を非難する考え方によれば、自分を愛する者（philautos）とは、金銭や地位や身体的快楽の点で分け前を多くとる人のことであり、世間一般の呼び方もそのような見方にもとづいているという。つねに正しい行為や、一般に徳にもとづいたことに励んで、立派なことを独り占めしようとする人がいても、自己愛者と呼ばれることも非難されることもないのである。しかしアリストテレスの考えでは、後者のほうこそほんとうの意味で自分を大切にしているので、自己愛者と見なされるべきだということになる。真に善いものを自分のものとすることは、非難されるどころか、奨励されなければならない。それに対して、世に言われるような自己愛は悪しき人の自己愛であって、非難に値するのである。

そうであるなら、非難されるべき自己愛のもっている弊害は、他者愛の場合にもあるのではないかと思わされる。とりわけ親の子に対する愛情は、自然にもとづいた強いものであるが、それだけに自己愛にも似た閉鎖性におちいりがちであるので、何を善とするかによっては、著しく有害である場合があると考えられる。親子の場合は教育の問題がからんでくるので、ことは重大であると言えよう。

結局、彼の視点から見て重要なのは、利己性と利他性の区別ではなくて、「利」の内容の違い、つまり何を善とするかということだと思われる。もちろん、他者に対する愛は、自己愛の場合には非難されるような「善いもの」が相手の手に入ることを願っても、非難されることはない。それは愛のもっている利他性が評価されるからであろう。しかしその愛はまだ、究極的なものではない。理想的な愛に少しでも近づくためには、徳のある人、優れた人になる必要があることになる。

【第九章】

よく生きること

アテネ・アゴラの「ヘパイトス神殿」(前5世紀)

†よく生きるとは

前章で見たように、人間的な善である幸福は「よく生きること」と同じことだということが、誰でも同意することであると言われていた。「よく」という言葉の意味の広さを考えれば、世間的な幸福を「よく生きること」と呼ぶことは可能だと思われる。しかし他方で、このような言い換えは、ソクラテス、プラトンの伝統につらなるものであると同時に、アリストテレスの幸福論にとっても都合のいいものであったと思われる。彼は、幸福を境遇や状態のうちに求めずに、活動のうちに成り立つものと見ているからである。

境遇として考えられた幸福とはどういうものであろうか。日本語をもとにして考えれば、幸福という言葉は幸運を意味する幸と、裕福を意味する福からなっている。幸運に恵まれ、物質面でも豊かである状態は、一般に多くの人が幸福であると認めることであるだろう。古代ギリシア人も例外ではない。アリストテレスも、恵まれた一生を送った者が最晩年に大きな不幸に遭って死んでいく場合を例に、そういう人を幸福だと考える人はいないと言って、幸運を幸福の必要条件と考えるのが一般の見解であることを認めている。

しかし裕福さ、すなわち富は、すでに見たように最終的な目的とはならないものとして、幸福の候補からは除外されているし、結局のところは幸運のよさも、外的な、すなわちわれわれ自身に属さない善として、幸福の中心的な要因とは考えられていない。よさが魂にそなわった、ほんとうに善い人は、どんな運命に出あっても惨めな者となることはないと言うのである。私たちは、死刑の判決を受けたソクラテスが従容《しょうよう》として死についた姿を想像してもいいであろう。だがアリストテレスは、多くの人にとっては、外的な好条件も、よく生きるために必要であるということを注意するのを忘れない。彼は理想的な賢者の幸福と、一般に認められる幸福という二重の視点から語っているように見える。

しかし、ここで言われているような善い人でも、活動していないときには何の善も生み出すことはできない。アリストテレスはこのことを理由に、善い人であるという状態と、その善さを発揮する活動とを区別することが重要だと考える。ほんとうに善い人であると言われるのは、一時的によい行為をする人ではなく、その善さ(徳)が身についている人である。

そういう状態を彼はヘクシスと呼ぶ。この言葉は「状態」と訳すこともできるが、可能性と現実性の図式に当てはめれば、プロセスのあとで実現する、第一段階の現実性を指している。つまり、一定のプロセスをへて身につけた状態であるので、持つことという本来の意味に近づけて「持前」と訳すことにする。そのような持前ができあがって、はじめてそれにもとづいた現実活動が可能になるのだが、「よく生きる」という意味での幸福は、持前のうちにあるのではなく、現実活動のうちにあるというのが、アリストテレスの幸福観である。

したがって、幸福とは何であるかを考えようとすると、人間に特有のはたらき、活動に注目しなければならないことになる。生命を維持することも人間が行なっているはたらきには違いないが、それだけなら植物にも共通のことにすぎないし、感覚したり身体を動かすことは、動物と共通のはたらきである。人間だけにあると考えられるのは、魂の「ロゴス（ことわり）をもつ部分」をはたらかせた生である。この部分は、一般に「理性」と呼ばれるはたらきと考えられよう。

ところで、同じ種類のはたらきのあいだには、よい（上手い）ものとそうでないものとの区別がつけられる。たとえば、笛を吹く人にも、じょうずな人とへたな人がある。このことを考えあわせるなら、ことわりをもつ活動のうちでも、とくによい活動こそが、よく生きることとしての幸福であるとされることになる。

†持前としての徳

そのような活動は、したがって、持前（ヘクシス）としてのよさ（アレテー）にもとづいていなければならない。このアレテー（arete）という言葉は「徳」と訳されることが多いが、文字通りの意味は「よさ」である。今の場合には、よさと訳すと意味が広くなりすぎる恐れがあるので、人間としてのよい活動の基礎となる持前としてのアレテーは「徳」という訳語で示すことにする。

まず、徳には「知性的な（思考にもとづく）徳」と「品性上の（性格にもとづく）徳」とが区別される。この区別は、「ことわり（ロゴス）をもつ」ということが二通りに区別されるのと対応している。魂のうちで「ことわりを自らのうちにもっている部分」というのは、ことわりを理解することができる（理くつが分かる）部分であるが、ことわりを理解しない部分のうちでも、欲求する部分は、理くつが分かる部分によって言わば説得されることによって、ことわりに従うことができるという、ゆるやかな意味で「ことわりをもっている」と言われる。前者のよさが、知恵や思慮などの知性的徳であり、後者のよさが、勇気や節制などの品性上の徳と呼ばれるのである。

当然のことだが、徳は生まれつき人間にそなわるものではない。かといって、生まれつきに反してそなわるわけでもなく、人間は徳を身につける可能性を生まれつきもっているのだと考えられている。知性的な徳の場合は教育の比重が大きいと考えられているのは当然だが、品性上の徳の方は習慣づけによってそなわるというのが、アリストテレスの特徴的な見方である。彼はこのことを、習慣（エトス）と品性（エートス、性格・人格）の語源的な結びつきとしても説明しているが、むしろ内容的には、その背後にある事情、すなわちただ教えられるだけでは身につかない徳が存在することについての、正当な着目であり、そのような徳の育成についての実効性のある指摘であると思われる。

可能性と現実性という観点から見るならば、人間の生まれつきのあり方は、徳をもつことへの可能性の段階であり、習慣づけというプロセスをへて、第一の現実性すなわち徳という持前をもつ段階にいたることになる。そして、この持前にもとづいた活動が、よい生き方の少なくとも一部である。この活動と類似の活動が習慣づけのなかで行なわれなければならないという指摘が、習慣づけの内容を教えてくれる。それは、よい技術者となるためには技術者のする仕事と同じ仕事をしなければならないのと同様だとされる。正しい人となる（正義の徳を身につける）ためには、正しい人と同様の行為をする習慣をつけなければならないということである。

正義とは正しい行為をする（たとえば法律を遵守する）ことだけにつきると考える人は、正義の徳を身につけた人と同様の行為をしている人は正しい人であると考えるであろう。しかし、正義の徳をもってその行為をしている人と、ただ同様の行為をしているだけの人とでは、段階として区別されるほどの違いがある。知識をもっていない人がたまたま正しいことを言う場合や、練習のために技術者と同類の仕事をする弟子の場合には、その違い

【徳の場合】

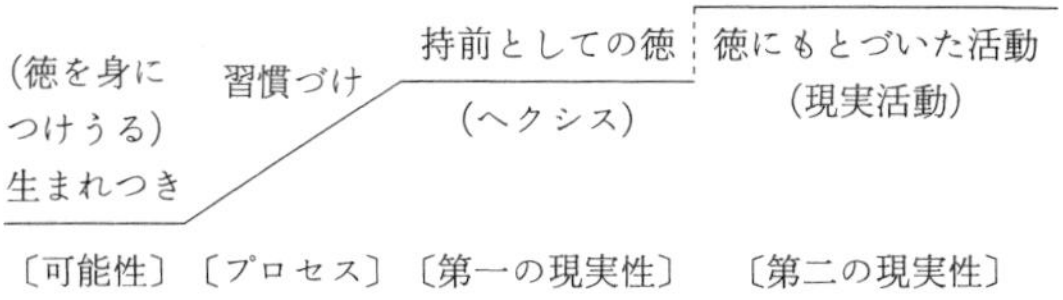

【技術の場合】

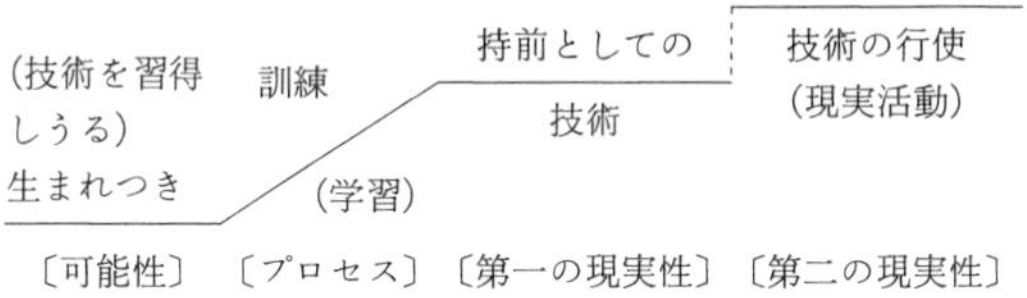

プロセスにおいては第二の現実性と同じ種類の行為がなされる。

可能―現実の段階区別（b）

が比較的分かりやすいであろう。だが徳の場合、とくに正義の場合には、その違いが見えにくい。

快楽との関連で見たように、アリストテレスはその違いを、快楽・苦痛という観点から説明している。正しい行為を喜んでしている人は正しい人であり、正義の徳を身につけているが、同様の行為を嫌々している人とか、ただ人に言われたとおりにしている人は、正しい人とは言えないのである。ひとが嫌々していることを隠しているならば、その違いは外からは分かりにくいが、行為者自身の視点からは明らかである。だからこそ、徳の教育においては、快楽・苦痛との関係で、すなわち喜びを感じるべきものに喜びを感じ、苦痛を感じるべきものに苦痛を感じるように導かれるべきだと、彼はプラトンに賛意を示しながら論じるのである。

†中庸による徳の説明

アリストテレスの徳の理論においては、中庸による説明が中心的な位置をしめているように見える。ただし、それはすべての徳を説明するものではない。知性的な徳には中庸という規定は当てはまらないのである。また、品性上の徳は感情と行為に関わるものであるが、あらゆる行為、あらゆる感情に中庸があるわけではない。悪意のような感情や、殺人のような行為は、超過したり不足したりすることによって非難されることはなく、それ自体が悪いのだということが指摘されている。徳もまた、それ自体が中庸なのではなく、よさという観点からは頂点であることになる。

それでは、徳においては何が中庸なのであろうか。徳はある種の活動を可能にする持前であると同時に、感情と行為に関わるものである。それに対して、恐怖や欲望などの感情や、贈りものをしたり貰ったりといった行為には、程度の差があって、不足していても、超過しても不都合が生じるのに対して、中庸をえた行為は賞賛される。これらのことから彼は、徳を「われわれとの関係における中庸のうちで選択することを可能にする持前」と規定するのである。われわれとの関係でというのは、感情は行為主体を離れてはありえないものだからと考えられる。

だが、中庸をたんに「中間」と受けとめて、どっちつかずの程度にとどまることを彼がすすめていると考えたら、大きな間違いである。たとえば、怒りが過度であるのは、怒るべきでないのに怒る場合であり、怒るべきときに怒らないのは不足である。したがって、中庸とは中くらいのことではなく、むしろ適度のことだと言うことができる。しかも適度といっても、状況や事柄の性質、相手や目的、行為の仕方といった、さまざまな条件によって変わってくる。けっして杓子《しゃくし》定規で中庸が決められるわけではないのである。

アリストテレスは、中庸の説明として「思慮ある者（実践的知者）がことわりによって定めるような仕方で規定された」という言葉をつけ加えることによって、中庸を一律に規定することができないことを示している。中庸がどこにあるかが決められなければ、行動や指導の指針として決定的な意味はもたないと見られるが、しかし、両極端を避けつつ適度を探すというやり方は、中庸を発見するための方針として、かなりの程度まで有効だと主張されているのである。

しかも彼は、中庸を一般的な規定に留めておくのではなく、個々の徳について、それがどんな観点における中庸であるのか、どんな場合に超過あるいは不足となるのかを、例示している。たとえば勇気というのは恐怖と平気さの点での中庸であって、過度に平気な人は無謀であり、度を過ごして恐れ、平気さが不足している人は臆病であると言われる。だが事柄によっては、たとえば不面目を恐れる人はつつしみのあるひとだが、恐れない人は恥知らずであるというように、恐れる方がいい場合もあるし、勇気のある人も恐怖からまったく無縁なのではなく、大事なことのために恐怖を耐え忍ぶ場合もあるのである。

そういった指摘に混じって、たとえば、無謀な人は見えっぱりであって、勇気があるふりをしているだけだというような観察も示される。平気であるふりをしながら、恐ろしいことに耐えられないために無謀な行動にうったえるのだと指摘して、そのような人を「大胆な憶病者」と呼んでいる。このような観察がちりばめられることによって、彼の中庸による徳の説明は、たんなる公式的な図式にとどまらないものになっていると言えよう。

†実践的な知恵

しかし結局のところ、どのような場合に、どのように行動するのが、正しいことわりにしたがい、中庸をえていることになるかは、徳の定義だけからは導き出せない。実践的知恵（思慮）をもった者が定めるような仕方でと言われても、そのような知者がどのように判断するかが分からなければ、たんに両極端を避けることしかできないであろう。アリストテレスのたとえで言えば、病人にどのような薬を飲ませるべきかは「医術や医者の指示するような仕方で」と言われても（間違いではないけれども）分からないのと同様である。そこで、思慮（実践的知恵）とは何であるかが問われることになる。

彼は魂の、理くつが分かる部分を、認識する部分と思案する部分に分けて、それぞれ、数学や自然学のような、必然的な原理をもつ事柄と、実践や製作のような、必然的でない（さまざまなあり方が可能な）事柄に関わるものとして振り分けている。行為するときにはたらかせる知はたんなる認識だけにとどまるものではなくて、何をすべきか思案するのに対して、必然的な事柄については認識するだけであって、事実がどうあるべきかと思案することはないのである。

これら二つの部分における最もよい持前が、知性的な徳であることになる。知的な持前のうち、認識的なはたらきとして、彼は、学問的知識、知恵、直接的理解（知性）という三つをあげ、学問的知識と直接的理解をあわせもったものとしての知恵を、認識的部分の知性的な徳とする。他方、必然的でない事柄について知る持前には、製作に関わる技術と実践に関わる思慮があるが、技術をもっている人にはうまい者とへたな者の差があるので技術に関するよさ（アレテー）があるのに対して、思慮にはそれがない。したがって、思慮はそれ自体がアレテー（徳）であると結論づけられる。

知恵は人間よりも優れたものについての学問的知識と直接的理解をあわせもったものであるのに対して、実践的な知恵としての思慮は、人間事に、しかも思案したり選択したりすることが可能な事柄に関わっている。太陽が東から昇るべきか西から昇るべきかなどと思案する人は誰もいないし、すでに起こってしまったことを選択する人もいない。思案や選択の対象となるのは、必然的でない事柄で、何らかの善を目的とするものに限られる。これらをまとめて、思慮とは「人間にとっての諸々の善や悪に関して実践しうる、ロゴス（ことわり）をもった真実の持前」と定義されることになる。

思慮の特性には、それが普遍的な知だけにとどまっていてはならず、個別的な事柄をも知らなければならないということも結びつけられている。実践は個別的なものに関わるということを考えれば、当然のことであろう。別の観点から見れば、経験の必要が多くなるということでもある。数学などの分野では、若くして知者となる人がいるのに、若くして思慮ある人となる人がいないのはそのためだとも指摘されている。したがって、思慮を定義することは問題の解決ではなく、一つの整理にすぎないと言えよう。実践のためには、さまざまな問題を考えて理解する必要があるのである。

†行為と自発性

アリストテレスは、徳について論じるだけでなく、身につけた徳を実際の行為のなかで実践していくことに関わってくる、さまざまな問題をとり上げている。たとえば、行為の自発性の問題もその一つである。ある行為が自発的なものであるかどうかは、行為の評価との関係で重要な区別になる。賞賛されたり非難される行為は、自発的なものでなければならないが、自発的でない行為は、悪い結果を生んでも許されたり、同情されたりするというのである。

自発的とは見なされない行為には、二通りの場合がある。一つは強制されている場合であって、彼の説明によると、外のもの（状況や人間）によって動かされ、行為者がその行為に少しも寄与していない場合ということになる。しかし、もっと大きな悪を避けるために小さな悪を選択したり、善いことを実行しようとして小さな悪を選択したりすることがあるために、実際には異論が生じうる場合があるということも同時に指摘している。悪を選択することだけを取り出せば、自発的とは考えられないが、大きな悪を避けることや、善いことを実行することは、自発的に行なわれると言えるからである。彼のあげる例は、嵐の中で船が沈没することを避けるために、積荷を棄てるという行為である。

われわれが行為する際に直面するのは、単純な原則だけで決断できるような状況だけではない。実践的な知は、必然的な事柄を相手にするのではなく、ほかのあり方が可能な事柄をあつかうものだという彼の指摘は、今の例を見ても実感できるであろう。それと同時に今の例は、行為が目的と手段の関係のなかに位置づけられていることも示す結果になっている。今の場合で言うと、悪を避けるとか、善を実現することが目的とされて、その手段となるべき行為について思案がなされ、それ以上よい選択肢がない状況で、比較的小さな悪が選択されていることになる。

行為が自発的と見なされない、もう一つの場合としてアリストテレスがあげるのは、無知ゆえの行為である。これは、たんに無知の状態で行為しているということと区別される。泥酔したり、怒り狂ってわれを忘れている人は、知らずに行為していると言えるが、自発的な行為ではないとして許されるわけではない。彼が無知と言うのは、行為が行なわれるさいの状況や対象についての個別的な事実について(自分の不注意によってではなく)知らない場合である。たとえば、ある薬に対して特異な反応を起こす人に、その事実を知りえない状況で、その薬を治療のためにあたえて、結果的に殺してしまうような例があげられている。

したがって、一般的に善悪の区別を知らないことは、そのような個別的な事実についての無知ではないので、責任をのがれる理由にはならず、むしろ非難の対象となるとも指摘される。ひとに悪意をいだく利己主義者が、自分のためになることがよいことだと考えて他人に損害をあたえるとき、その人が自発的に行為をしていることを否定することはできない。自発的だからこそ非難されたり処罰されたりするのである。アリストテレスは、前もって知っておかなければいけない善悪の区別の存在を前提しているのだということを、この議論からも知ることができる。

†観想と実践の関係

さきに見た、必然的な事柄と必然的でない事柄の区分は、学問の分類としては、観想的（理論的）学問と、実践的・製作的学問との区別と対応している。観想というのは、第一章で簡単に説明したように、テオーリアーの訳語である（観照と訳されることもある）。英語のtheoryの語源でもある原語は「観ること」が基本的な意味で、文脈によって見物という意味にも観察という意味にもなる。実践と対比される意味での観想は、何をすべきか考える（思案する）のではなく、知識の内容を認識することである。可能性と現実性の段階区別のなかでは、知識という持前にもとづく現実活動である。

このように言っても、まだ判然としない印象を受けるかもしれない。技術という持前にもとづく現実活動なら理解しやすいだろうと思われる。実際に仕事をしている医者や大工を思い浮かべることができるからである。アリストテレスがどういう活動を観想と呼んでいるのかが分かりづらくなるのは、観想が心の中だけで行われているためもあるだろう。しかし、数学者がその知識をはたらかせて証明を行なっているところを思い浮かべれば、観想という活動がどのようなものかが想像できるように思われる。

観想的な知恵と実践的な知恵の区別がはらんでいると考えられる問題は、それらが対象を異にするというだけでなく、異なった部分のはたらきであるというかたちでも区別されることに由来する。この区別を強調すれば、観想的知恵と実践との間には越えがたい溝が存在することになり、理論的な洞察も、われわれの生き方とは無縁のものだと考えられることになるだろう。

このことは、観想的学問の代表を自然科学と考えれば、当然のことだと言われるかもしれない。科学技術と区別された、理論体系としての科学そのものは、人間の都合や価値観から独立に、客観的知識として確立されなければならないというのが、近代科学の理念の一つだからである。その見方にたてば、科学知識と実践的知恵の峻別は事柄の本質からくる当然の帰結であるということになるであろう。

しかしそれは、自然科学がわれわれの生き方の指針をあたえてくれないということにすぎず、すべての観想的学問が実践の問題と関係しないということを意味するものではないだろう。アリストテレスが考える観想的学問とは、自然学や数学だけではなく、形而上学的な内容を含んでいる。形而上学の中には、メタ自然学とも呼べる、自然学の基礎的概念の考察も含まれるし、神についての考察も含まれる。言わば人間的善を超える、宇宙規模での善の問題、神を頂点とする秩序の問題は、形而上学の課題である。そのような形而上学的考察による善への視点が、実践的知恵とは無関係と断定されているわけではないのである。

†神と現実活動

アリストテレスの神は、プラトンの神のように宇宙を創造する神ではない。宇宙の動の根源であって、自分は動くことなしに天体を動かしている神である。しかしそのことは、神の本質が現実活動であってはじめて可能であると言われる。なぜなら、可能的なものを現実化するためには、すでに現実性の段階にあるものがなければならないが、天体を動かすことはそのような現実化であるからである。

だが、この神の現実性は、動ではない。アリストテレスの見方では、動くということは動かされるということであり、動くものはすべて動かされているので、それを動かすものを必要とする。しかし神は究極の動者であるので、それを動かすものは存在しない。したがって、神は動かずに動かす（不動の動者である）のである。だが、動かないものが、いかにして動かすことができるのか。彼は、愛されるものや思惟されるものは、そのような仕方で動かすと言う。

その言葉が含意しているのは、不動の動者の現実活動は、愛や思惟の対象となるような活動であるということである。まず第一に、それは人間の活動と違って、可能性の段階をまったく含まない現実活動である。したがって、神は活動をやめることがない。その活動は具体的には、知性（直接的理解）のはたらき、すなわち思惟であると言われる。それが思惟するものは最も優れたものでなければならないが、神自身以上に優れたものはない。したがって、それは自らを思惟すること、思惟の思惟であるとされる。

神がアリストテレスの考えるようなものであるとすると、思惟自身を思惟するとはどういうことであろうか。思惟というのは、知性のはたらきを意味するノエーシスの訳だが、知性というのは、考えるだけでなく知るはたらきでもある。考えると言っても、推測するとか想像するという考え方は知性のはたらきではない。知っていることを考えるのが知性の思考、すなわち思惟である。

思惟が自らを思惟するという考えは、思惟されるものと思惟とが同一であるということも意味する。感覚の場合には、感覚器官が感覚されるものと同じになるということはない。せいぜい感覚対象の形相と同化していると言えるだけである。アリストテレスは、質料をもたないものを認識する思惟は、思惟されるものと同一であるとも言う。質料をもたないものとは、感覚される具体的なものではなく、知性によって知られる形相である。神の思惟は、したがって、知るはたらきであるとともに知られる形相でなければならない。

その形相が何であるか、彼は明言していない。プラトンのイデアのようなものであると言うことは、イデア論を批判ししりぞけているので、できないと思われる。しかし、思惟される内容がなかったら、思惟と言えないことは明らかである。少なくとも言えることは、それは神のあり方と切り離せないということである。すなわち、最も優れた存在であり、愛されるというしかたで不動の動者となっている神は、宇宙の秩序の頂点に立つ目的因のような地位にあると考えられる。アリストテレスの形而上学は、このような神のあり方を考察することによって、善の問題にも関わるものなのである。

†最高の幸福

よく生きることとしての人間の幸福とは、アリストテレスによれば、人間に特有の活動、すなわち理屈の分かる魂の部分の活動のうち、とりわけよい活動であった。この規定にしたがえば、徳にもとづいた生がよき生であり、幸福であることは疑いない。彼の徳論も、そのような前提のうえに立ったものであった。だが、最高の幸福ということが射程に入れられると、もう少し違った要素が入ってくる。

幸福が最高のよさ(徳)にもとづいた活動であるなら、それはわれわれのうちの最も優れた部分の活動でなければならない。その部分というのは知性のことを意味していることは明らかだが、それはわれわれを支配する部分と考えられるし、それの固有の徳(よさ)にもとづいた活動が完全な幸福と言える。彼はそれが観想という活動だと言うのである。その部分が神的と表現されていることからも、この活動が神の活動と類縁のものと考えられていることは明らかである。しかしアリストテレスは、われわれが人間であるからと言って、人間並みのレベルで満足すべきだとは勧めない。できるだけ、われわれのうちの最善の部分にしたがって生きるよう努力すべきだと言うのである。しかも、その部分はわれわれのうちの支配的部分であることから、われわれ自身と見なすことのできるものだとも論じている。本当に自分に属すものが最も善く最も快いので、この活動が最高の幸福であると言われることになるのである。

このような活動は、すなわちそれは観想のことだが、徳にしたがった生き方とどのように関係するのかという問題が残っている。観想と実践は、知恵の観点からも、機能の観点からも、はっきりと区別されていたのである。もし観想の生が最高の幸福であると考えることによって人々が実践を重視しなくなるなら、徳を実践する活動はすたれ、住みにくい社会になるのではないか。観想を理想とすることと、徳にもとづく実践を評価することは、どのようにして両立し、支え合うことができるのだろうか。

この問題を、アリストテレスが明確に論じているとは言えない。しかし、観想が人間にとってつかの間の幸福な体験でしかないと言う彼が、それを理想とすることによって徳の生活が阻害されると考えたとは思えない。むしろ、観想的な知が神のあり方を考察することによって、人間的善を超えた善の知を目指すことになり、実践的な知恵にも何らかの有益さが得られることを認めていたと考えるほうが自然であろう。倫理学の講義の最初のほうで、さまざまに異なる善が共通に「善い」と呼ばれるのは偶然の一致とは考えられないと指摘されたときに、その問題の厳密な考察は、哲学のべつの領域に、言い換えれば観想的な分野にゆだねられていた。それは形而上学の課題の一つと考えられているのだと理解することができる。

【終章】

アリストテレスと現代

ディオニュソス劇場跡（アテネ）

†現代と科学

古代の演劇には、デウス・エクス・マーキナー（deus ex machina）と呼ばれる終わり方が少なくなかった。マーキナとは、英語のmachine（マシン）の語源で、ギリシア語のメーカネー（mechane：mechanic の語源）を音訳したラテン語である。劇の最後の場面に神が現われて、お告げのような言葉を述べて幕になったりすることがデウス・エクス・マーキナーであるが、文字通りには「機械仕掛けから出た神」という意味になる。メーカネーには「工夫」という意味もあるので、機械じかけがいつも使われていたかどうかは明らかではない。筋書きの決着をつけるために神を登場させたこともあったようで、本書ではとり上げなかったアリストテレスの『詩学（創作論）』でも、物語の決着は物語から出てこなければならないと言って「メーカネーからの」解決が批判されている。

前章の最後に神が出て来て決着がつくようなかたちになっているのを読んで、その言葉を知らなくても、似たような印象を受けた人はあるだろう。アリストテレスの観想についての議論を読むと、どうしてもその背後に神のイメージが見えてくるのは否定できないのであって、べつに窮余《きゅうよ》の一策で神を登場させたわけではない。それでも、現代の日本人の感受性からすると、アリストテレスについての本が神で終わることに違和感をおぼえる人がいることは理解できる。本書は私たち現代人にとってのアリストテレスの意義を考えることを、重要な目的の一つとしているのに、現代に逆行しているかのような印象をあたえたまま終わるのは、適切とは言えないだろう。

現代におけるアリストテレスの意義といっても、私たちが現代をどのような時代としてとらえるかによって考え方は分かれることであろう。だが、現代が科学の点では、かつてないほどに進んだ時代であることを否定することはできない。現代の知識から見ると、彼の自然学はほとんど幼稚なものに見える。したがって、アリストテレスのなかに科学知識を求めて読書するのはほとんど無意味である。近代科学では常識になっている考えが少し先駆的に見られるとしても、それは歴史的な意義にとどまると言える。

しかし、少し謙虚になって考えてみるなら、現代の科学は長年にわたる多くの科学者の研究の蓄積のうえになりたっていることに気づくだろう。それを私たちは、私たち自身の偉さだと錯覚しがちである。科学の総体としては飛躍的に進歩したが、私たち個人個人はそのような時代に生きているだけなのであって、自分で科学を支えているわけではない。

それに対して、アリストテレスは、先人や同時代人の研究の成果を生かしつつ、独力で考えた人である。私たちは、彼の書いたものを読むことによって、自分で考えるとはどういうことであるのかを学ぶことができる。現代と同じ発想がすでにあったということよりも、現代とちがう発想を見出すことの方が考えるヒントとなることも少なくない。現代と同じ概念が見出される場合にも、彼の創始したものが少なくないので、新しい概念を生みだすことはどういうことであるのか、またそれはどのようになされるべきかということを考えさせられることにもなるのである。

現代が科学の時代だと言われるのは、必ずしも正確ではない。技術の進歩が科学理論の進歩とささえあってきたところに、現代の特徴がある。アリストテレスの時代には、望遠鏡はもちろん虫眼鏡もなかったことを忘れてはならない。彼が植物が均質な組織からできていると考えたのも無理はないのである。アリストテレスの次の世紀には、太陽と地球の関係に関しては、コペルニクスの説とほぼ同等の地動説理論が出されたが、ギリシア天文学の主流にはなれなかった。それと比べて、ガリレイが望遠鏡によって金星の満ち欠けを観測することができたことは象徴的である。理論の正しさを観察によって確認する技術を獲得することが、科学の進歩にとって大きな意義をもっているのである。

そのことは、現代人が科学技術にたよる度合を急速にすすめて来たこととも結びつく。私たちがよりよく生きるために科学技術が利用されるという側面よりも、科学技術の産物によって私たちの生活が左右される側面の方が大きくなったと思われるほどである。古代ギリシアでは、技術が未開発であっただけでなく、知のために知を求めることに重要性をおく考えが特徴的であり、それはアリストテレスに典型的にあらわれている。科学の進歩という観点から見ても、知的欲求に技術の進歩がかみ合ったところに現代の科学の成果があるので、技術偏重になって基礎的な研究を軽視する傾向は、科学にとっても大きな不安材料である。その心配はとくに日本では、たとえば理科離れというかたちで深刻なところまで達している。アリストテレスが強調した、生まれつきの知的欲求を、もっと自覚する必要があろう。

†アリストテレスへの距離

現代の私たちが直面する問題について考えることは、現代的な視点からでなければできないというような主張を目にすることがある。これは、だから古い哲学を持ち出してきても意味がないのだという、拒否の姿勢の表明である。しかし、私たちはアリストテレスを読むことによって、古代人になるわけではない。いっそ古代人になって、現代の問題からのがれることができたら仕合わせであろうが、むしろ、なろうとしてもなれないというほうが正確であろう。私たちが現代という時代に生きているいじょう、現代の問題に直面しつつ、古いテクストを読むほかはないのである。

しかし、そのことは私たちとアリストテレスをへだてる距離の大きさを感じさせるのではないか。私たちは現代の哲学者のうち誰かを知ることができるような仕方でアリストテレスを知ることはできないと言われることがある。たしかに彼の写真も録音テープも残っていないし、彼と直接会った人の話を聞くこともできない。そういう意味では、彼を知ることは不可能である。

しかしながら、アリストテレスがいかに考えたかを知ることは、現代の思想家の考えを知ることよりむずかしいとは必ずしも言えない。プラトンの場合には対話篇という著作の性格から、彼の真意を読みとることは簡単とは言えないが、アリストテレスの作品は、序章で述べたように、公開された著作ではなくて、講義録のようなものが最終的に残されたのである。当然のことながら、公表するために書かれたものに比べると未定稿の特徴を多分にもっている。そのことがかえって、彼の思考のプロセスのようなものを私たちに明かしてくれる結果になっているであろう。少なくとも、私たちは彼の同時代人のほとんどの人よりも、アリストテレスを理解しうる状況にいると言えそうである。

もちろん解釈の問題はつきまとう。本書で述べたような説明の仕方に、すべての学者が賛同するということは、まったくありえないことである。もちろん同じことは、ほかの解釈についても言えよう。しかし、解釈の相違は現代の哲学者についてもけっして珍しくないことである。その問題を考慮すれば、現代の思想家を理解するのと、アリストテレスを理解するのとでは、どちらがむずかしいかは、簡単に結論が出ないことになるだろう。少なくとも、時間のへだたりの大きさがそのまま解釈の困難さになっているとは必ずしも言えない。

アリストテレスの著作において、先人や同時代人の見解を反駁したり手がかりにしたりしながら考察がすすめられていることを、私たちはすでに見た。このような考察のしかたは、対話と呼ぶことができるものである。私たちは、そのような考察のスタイルを彼から学ぶことができるだけでなく、彼の書いたものを読んで考えることによって、彼と対話することもできるのである。

あとがき

ソクラテスが牢獄の中で生を終えたのが紀元前三九九年であるから、今年（二〇〇一年）はちょうどそれから二四〇〇年目に当たる。その時プラトンは三〇歳前であり、アリストテレスが生まれたのは、さらにそれから一五年ほど後のことであるが、彼らと私たちの間にある物理的時間の長さを思うと、何とも不思議な感じがする。ソクラテスは書物をあらわさなかったが、プラトンやアリストテレスの書き残したものを読んで、それほどの時間のへだたりは感じられないのである。もちろん時代の違いを実感させられることがないはずはないが、そんな違いは近代の著作家の書いたものを読んでも感じることである。

しかし、時代のへだたりが過去の遺物を意味するかのような扱いをギリシア哲学全体が受けて、実際の姿が十分認識されずにきたという面があるのは否定できない。アリストテレスも、一部の研究者の専門的な研究対象と見られて、一般の読者には敬遠されてきたというのが、日本での傾向であろう。そんな現状は現代日本人にとって損なことだと、かねがね思っていたので、本書の執筆を打診されたときは、喜んでお引き受けした。

本書でめざしたのは、アリストテレス哲学の解説ではなく、アリストテレスを通じての哲学入門、と言うか、できあがった思想ではなく、思考法そのものをアリストテレスから学ぶことができるようにということであった。その意図がどこまで読者に通じるような書き方ができたかは、心もとないところもあるが、つたない表現の中にもくみ取って貰えるものがなくはないだろうと期待している。

それにしても、執筆依頼をいただいてから、思いがけないほどの時間が過ぎてしまった。月並な言い方になるが、筑摩書房編集部の山本克俊さんには、あたたかい励ましを受けながら、辛抱強く原稿の完成を待っていただいた。心からの感謝を捧げたい。

山口　義久

読書案内

本書を読んで、アリストテレスについてもっと知りたくなった人のために、アリストテレスについて日本語で書かれた概論・研究書と翻訳をあげてみよう。このリストは網羅を少しも目ざしていない。たとえば、本書と同程度の規模のものは、原則として入れなかった。また、現在書店では入手できず、図書館でしか読めないものも含まれている。

【翻　訳】

〔全　集〕アリストテレスの全訳は、現在一種類しか出ていない。

出隆監修、山本光雄編「アリストテレス全集」岩波書店、一九六八―一九七三年

（内　訳）

第一巻『カテゴリー論、命題論』山本光雄訳、『分析論前書』井上忠訳、『分析論後書』加藤信朗訳（一九七一）

第二巻『トピカ』村治能就訳、『詭弁論駁論』宮内璋訳（一九七〇）

第三巻『自然学』出隆・岩崎允胤訳（一九六八）

第四巻『天体論』村治能就訳、『生成消滅論』戸塚七郎訳（一九六八）

第五巻『気象論』泉治典訳、『宇宙論』村治能就訳（一九六九）

第六巻『霊魂論』山本光雄訳、『自然学小論集、気息について』副島民雄訳（一九六八）

第七巻『動物誌　上』島崎三郎訳（一九六八）

第八巻『動物誌　下、動物部分論』島崎三郎訳（一九六九）
第九巻『動物運動論、動物進行論、動物発生論』島崎三郎訳（一九六九）
第十巻『小品集』副島民雄・福島保夫訳（一九六九）
第十一巻『問題集』戸塚七郎訳（一九六八）
第十二巻『形而上学』出隆訳（一九六八）
第十三巻『ニコマコス倫理学』加藤信朗訳（一九七三）
第十四巻『大道徳学、エウデモス倫理学、徳と悪徳について』茂手木元蔵訳（一九六八）
第十五巻『政治学』山本光雄訳、『経済学』村川堅太郎訳（一九六九）
第十六巻『弁論術』山本光雄訳、『アレクサンドロスに贈る弁論術』斎藤忍随・岩田靖夫訳（一九六八）
第十七巻『詩学』今道友信訳、『アテナイ人の国制』村川堅太郎訳、『断片集』宮内璋・松本厚訳（一九七二）

〔選　集〕複数の翻訳がおさめられたもの。
「アリストテレス」田中美知太郎編、筑摩書房、一九六六年（世界古典文学全集16）
「アリストテレス」田中美知太郎責任編集、中央公論社、一九七九年（中公バックス、世界の名著8）
「ギリシアの科学」田村松平責任編集、中央公論社、一九八〇年（中公バックス、世界の名著9）

〔個別作品〕
『天について』池田康男訳、京都大学学術出版会、一九九七年
『魂について』中畑正志訳、京都大学学術出版会、二〇〇一年
『動物誌』上・下　島崎三郎訳、岩波文庫、一九九八年
『ニコマコス倫理学』上・下　高田三郎訳、岩波文庫、一九八三年

『政治学』牛田徳子訳、京都大学学術出版会、二〇〇一年
『弁論術』戸塚七郎訳、岩波文庫、一九九二年
『詩学』松本仁助訳、岩波文庫、一九九七年

【概　論】

J・L・アクリル『哲学者アリストテレス』藤沢令夫・山口義久訳、紀伊国屋書店、一九八五年
D・J・アラン『アリストテレスの哲学』山本光雄訳、以文社、一九七九年。ただし、これは第一版（一九五二年）の訳である。
G・E・M・アンスコム、P・T・ギーチ『哲学の三人　アリストテレス・トマス・フレーゲ』野本和幸・藤澤郁夫訳、勁草書房、一九九二年（双書プロブレーマタⅡ—6）
今道友信『アリストテレス』講談社、一九八〇年（人類の知的遺産8）
牛田徳子『アリストテレス哲学の研究　その基礎概念をめぐって』創文社、一九九一年
松田禎二『アリストテレスの哲学』行路社、一九八七年
G・E・R・ロイド『アリストテレス　その思想の成長と構造』川田殖訳、みすず書房、一九七三年、新装：一九九八年

【個別テーマに関するもの】

G・E・R・ロイド『初期ギリシア科学　タレスからアリストテレスまで』山野耕治・山口義久訳、法政大学出版局、一九九四年（叢書・ウニベルシタス　四五九）
池田康男『アリストテレスの第一哲学』創文社、二〇〇〇年
岩田靖夫『アリストテレスの倫理思想』岩波書店、一九八五年
J・O・アームソン『アリストテレス倫理学入門』雨宮健訳、岩波書店、一九九八年（同時代ライブラリ

―三三〇）
小沼進一『アリストテレスの正義論　西欧民主制に活きる法理』勁草書房、二〇〇〇年
當津武彦『アリストテレス「詩学」の研究』大阪大学出版会、一九九九年
※『新版　アリストテレス全集』（全二〇巻、内山勝利・神崎繁・中畑正志編、岩波書店）が、二〇一三年より刊行中である。

1168b5 以下。

172・2「自己愛を非難する……」『同』第9巻8章1168a29以下。

172・6「アリストテレスの……」『同』第9巻8章1168b25以下。

176・11「アリストテレスも……」『同』第1巻9章1100a5以下。

176・15「結局のところは……」『同』第1巻10章1100a34以下，1101a6以下。

177・7「ここで言われて……」『同』第1巻8章1098b31以下。

178・3「幸福とは何であるか……」『同』第1巻7章1097b24以下。

178・9「同じ種類のはたらき……」『同』第1巻7章1098a8以下。

179・4「知性的な……」『同』第2巻1章1103a14以下。

179・5「ことわり（ロゴス）……」『同』第1巻13章1102a26以下。

179・14「知性的な徳の……」『同』第2巻1章1103a15以下。

180・7「この活動と類似の……」『同』第2巻1章1103a31以下。

182・7「品性上の徳は……」『同』第2巻3章1104b18以下。

182・8「あらゆる行為……」『同』第2巻6章1107a8以下。

182・12「恐怖や欲望など……」『同』第2巻6章1106b16以下。

183・1「我々との関係に……」『同』第2巻6章1106b36以下。

183・10「アリストテレスは……」『同』第2巻6章1107a1以下。

183・13「両極端を避けつつ……」『同』第2巻9章1109a30以下。

183・16「個々の徳について……」『同』第2巻7章，第3巻6章～第5巻。

184・4「不面目を恐れる……」『同』第3巻6章1115a12以下。

184・5「勇気のある人も……」『同』第3巻7章1115b10以下。

184・7「たとえば，無謀な……」『同』第3巻7章1115b30以下。

185・1「アリストテレスの……」『同』第6巻1章1138b30以下。

185・5「彼は魂の，理屈が……」『同』第6巻1章1139a6以下。

186・3「実践的な知恵……」『同』第6巻5章1140a25以下。

186・12「数学などの分野……」『同』第6巻8章1142a12以下。

187・4「ある行為が自発的……」『同』第3巻1章1109b30以下。

187・8「自発的とは見なされ……」『同』第3巻1章1109b35以下。

188・8「行為が自発的と……」『同』第3巻1章1110b18以下。

189・8「必然的な事柄と……」『同』第6巻1章1139a6以下。

191・4「いわば人間的善を……」『同』第1巻6章1096b30以下。

191・9「アリストテレスの……」『形而上学』第12巻7章1072a24以下。

191・10「しかしそのことは……」『同』第12巻6章1071b12以下。

192・3「愛されるものや思惟……」『同』第12巻7章1072a26以下，1072b3以下。

192・6「人間の活動と違って……」『同』第12巻6章1071b17以下，7章1072b14以下，『命題論』13章23a21以下。

192・16「思惟が自らを思惟……」『形而上学』第12巻9章1075a3以下。

194・4「幸福が最高のよさ……」『ニコマコス倫理学』第10巻7章1177a12以下。

194・8「その部分が神的と……」『同』第10巻7章1177b27以下。

198・9「アリストテレスの……」『詩学（創作論）』15章1454a37以下。

151・11「一つだけの感覚に……」『同』第3巻1章425a14以下。

152・7「外部の刺激がなければ……」『同』第2巻5章417a3以下。

152・17「感覚機能と感覚器官……」『同』第2巻1章412b18以下。

153・6「魂が身体の構成要素……」『同』第1巻4章407b30以下，『エウデモス』断片7，プラトン『パイドン』85E以下。

154・1「アリストテレスが……」『魂について』第1巻1章403a29以下。

158・2「あらゆる技術……」『ニコマコス倫理学』第1巻1章1094a1以下。

158・9「善についての知識……」『同』第1巻2章1094a26以下。

158・12「この考察がたんなる……」『同』第1巻3章1095a5以下。

159・7「アリストテレスは……」『同』第1巻6章1096a11以下。

159・10「これについても……」プラトン『パイドン』91BC。

159・14「その一つはカテゴリー……」『ニコマコス倫理学』第1巻6章1096a23以下。

160・7「善そのものを知る……」『同』第1巻6章1097a1以下。

160・16「彼はもろもろの……」『同』第1巻6章1096b26以下。

161・8「人間的な善のうち……」『同』第1巻4章1095a17以下。

162・2「富を善とする生活……」『同』第1巻5章1096a5以下。

162・3「考察に値する候補……」『同』第1巻6章1095b17以下。

162・6「この三区分は……」プラトン『国家』第4巻440E以下。

162・10「ピュタゴラスが……」キケロ『トゥスクルム談義』第5巻3章6以下。

163・9「彼が名誉に認める……」『ニコマコス倫理学』第1巻5章1095b31以下。

164・2「快楽が悪しきもの……」『同』第10巻1章1172a35以下。

164・5「快楽のうちに悪い……」『同』第7巻11章1152b20以下。

164・8「快楽（と苦痛）が……」『同』第2巻3章1104b9以下，第1巻8章1099a10以下。

164・15「快楽が最終的な……」『同』第7巻11章1152b12以下。

165・5「その区別によると……」『同』第10巻4章1174a14以下。

166・2「その代わりに……」『同』第10巻4章1174b27以下。

166・10「彼がプラトンの……」『同』第2巻3章1104b11以下。プラトン『法律』第2巻659A以下。

166・14「快楽は優れた現実……」『ニコマコス倫理学』第10巻4章1174b31以下。

167・1「アリストテレスは……」『同』第10巻5章1176a17以下。

167・5「愛についての考察……」『同』第8巻1章1155a3以下。

168・3「アリストテレスが……」『同』第8巻2章1155b31以下。

168・7「彼は愛されるものに……」『同』第8巻2章1155b17以下，3章1156a7以下。

169・5「理想的な場合には……」『同』第8巻3章1156b7以下。

169・11「同時にまた，この……」『同』第8巻4章1157a1以下。

170・9「この点について……」『同』第8巻8章1159a27以下。

171・2「さまざまな親族に……」『同』第8巻12章1161b16以下。

171・13「アリストテレスは……」『同』第9巻4章1166a33以下，8章

114・11「普遍と呼ばれるもの……」『同』第7巻13章1038b8以下。

123・4「可能性と現実性という……」『同』第9巻6章1048a35以下。

123・13「アリストテレスの……」『同』第9巻6章1048a32以下。

124・5「このような可能性が……」『同』第12巻6章1071b9,『天体論』第1巻12章283b4以下。

125・10「つねに現実性は……」『形而上学』第9巻8章1049b5以下。

126・8「能力の行使のため……」『同』第9巻6章1048b23以下。

129・2「いかに優れた人でも……」『ニコマコス倫理学』第1巻8章1098b31以下。

129・10「アリストテレスに……」『自然学』第3巻1章201a10以下。

132・4「動（運動変化）が……」『同』第3巻2章201b31以下,『形而上学』第9巻6章1048b29。

133・2「学習の成果として……」『ニコマコス倫理学』第2巻1章1103a31以下。

133・6「アリストテレスが……」『形而上学』第9巻6章1048b18以下。

134・2「実質的に同じこと……」『ニコマコス倫理学』第10巻4章1174a14以下。

136・7「可能性の様相論理的……」『形而上学』第5巻12章1019b27以下,『命題論』13章22b3以下。

136・13「実現される以前の……」『形而上学』第9巻7章1048b37以下。

140・10「生物を無生物から……」『魂について』第1巻2章403b29以下。

140・15「アリストテレスの……」『自然学』第2巻1章192b13以下。

141・3「彼が生物にとって……」『魂について』第2巻4章415a26以下。

141・6「プラトンが『饗宴』……」　プラトン『饗宴』207D以下。

141・13「栄養摂取とは……」『魂について』第2巻4章415a22以下。

143・1「アナクシマンドロス……」　アナクシマンドロス断片A10，A30。

143・7「エンペドクレスは……」　エンペドクレス断片B60，B61。

143・9「アリストテレスが……」『自然学』第2巻8章198b29以下。

144・12「自然の出来事は……」『同』第2巻5章196b10以下。

145・13「他方でアリストテレスは……」『動物部分論』第1巻5章645a7以下。

146・6「動物の部分や器官を……」『同』第1巻5章645a30以下。

146・12「それぞれの器官は……」『同』第1巻5章645b15以下。

146・15「手が全体から……」『動物発生論』第1巻19章726b22以下,『魂について』第2巻1章412b18以下。

147・3「全体としての……」『動物部分論』第1巻5章645b18以下。

148・2「アリストテレスは……」『魂について』第2巻1章412a4以下。

149・4「アリストテレス自身……」『同』第2巻2章413a13以下。

149・14「アリストテレス自身……」『エウデモス』断片1〜5。

150・2「現実性による魂の……」『魂について』第2巻1章413a3以下。

150・4「魂の部分が別々に……」『同』第2巻2章413b13以下。

150・11「プラトンもまた……」　プラトン『ティマイオス』69C以下。

151・2「生命の機能を……」『魂について』第2巻3章414a29以下。

89・5「なぜという問の答え方……」『自然学』第2巻3章194b23以下。

91・8「形相を思考の上で……」『自然学』第2巻2章193b3以下。

91・11「形相はものの認識……」『形而上学』第4巻5章1010a25，第7巻10章1036a8以下。

91・15「質料は，基体……」『自然学』第1巻9章192a31以下。

92・1「何らかの変化が……」『同』第1巻7章190a9以下。

92・7「それに対して質料は……」『生成消滅論』第1巻4章320a2以下。

92・9「『単純物体』と呼ぶ……」『同』第2巻3章330a3以下。

92・11「可能的な物体……」『同』第2巻1章329a33。

93・1「ノコギリを羊毛から……」『形而上学』第8巻4章1044a28。

93・8「いわゆる構成要素」『生成消滅論』第2巻1章328b31，『自然学』第1巻4章187a26など。

93・11「プラトンと共通……」 プラトン『ティマイオス』48B。

93・13「単純物体を構成……」『生成消滅論』第2巻3章330a30以下。

93・16「その特性の一方が……」『同』第2巻8章331a26以下。

96・9「あげられている例……」『形而上学』第5巻2章1013b9以下。

97・4「意図や計画が関わって……」『自然学』第2巻8章199a20以下。

97・10「四つの原因のうち……」『同』第2巻7章198a21以下。

97・15「人間が人間を生む……」『同』第2巻7章198a26以下，『形而上学』第7巻7章1032a25。

99・2「先後関係について……」『同』第9巻8章1050a4以下。

99・5「政治学の文脈で……」『政治学』第1巻8章1257b21以下。

99・15「眉毛はその部位の……」『動物部分論』第2巻15章658b19以下。

104・3「第一哲学を自然学……」『形而上学』第6巻1章1026a27以下。

104・10「すべての存在に関わる……」『同』第4巻1章1003a21以下。

104・16「存在一般について……」『同』第4巻2章1003a34以下。

105・7「アリストテレス自身……」『同』第6巻1章1026a29以下。

106・5「たとえば『美とは何か』……」 プラトン『ヒッピアス（大）』287D以下。

106・15「そこでプラトンは……」 同『饗宴』211AB。

107・1「美しいものは美の……」 同『パイドン』100C以下。

107・3「アリストテレスの……」『形而上学』第13巻9章1086a31以下。

107・4「イデアを原因として……」『同』第1巻9章990a34以下。

108・2「アリストテレスの……」『カテゴリー論』5章3b10以下。

110・2「実体には質料として……」『魂について』第2巻1章412a6以下。

110・3「実体という言葉は……」『形而上学』第7巻3章1028b33以下。

110・13「そのような基体の……」『形而上学』第7巻3章1029a10以下。

111・11「ある人は，寝椅子を……」『自然学』第2巻1章193a12以下。

111・14「質料が実質である……」『自然学』第2巻1章193a28以下。

112・1「形相が個々のものの……」『形而上学』第7巻7章1032b1以下。

112・12「本質とは何であるか……」『同』第7巻4章1029b13以下。

113・11「種のみが本質規定を……」『同』第7巻15章1039b27以下。

38・13「アリストテレスは……」『形而上学』第6巻1章1025b25以下，『ニコマコス倫理学』第2巻2章1103b26以下。

42・14「彼が論理学のことを……」『形而上学』第2巻3章995a13以下。

45・4「彼自身の説明……」『分析論前書』第1巻1章24b18以下，『トピカ』第1巻1章100a25以下。

45・8「命題は二つの名辞の……」『分析論前書』第1巻1章24b16以下。

45・13「アリストテレスの……」『同』第1巻2章25a2以下。

53・11「今の第I格第2式の……」『同』第1巻2章25b40以下。

55・15「アリストテレスは……」『同』第1巻4章26b26以下。

56・2「第II格2式の妥当性が……」『同』第1巻5章27a3以下。

56・4「全称否定命題は……」『同』第1巻2章25a5以下。

60・5「それが命題である……」『命題論』7章17a38以下。

65・1「彼は推論を三つに……」『トピカ』第1巻1章100a27以下。

66・1「このタイプの推論から……」『形而上学』第2巻1章995a27以下，『ニコマコス倫理学』第7巻1章1145b2以下。

67・15「真である命題を……」『分析論後書』第1巻9章76a16以下。

68・8「問答法的推論の……」『トピカ』第1巻2章101a36以下。

68・11「たとえば直観とか……」『分析論後書』第2巻19章100b5以下。

69・3「たとえば『形而上学』……」『形而上学』第1巻3章983b1以下。

69・6「問答法的な手続きの……」『トピカ』第1巻2章101a28以下。

69・13「その研究はさらに……」『同』第1巻2章101a34以下。

70・11「彼の表現を用いれば……」『同』第1巻12章105a13以下。

70・14「別の著作では……」『生成消滅論』第1巻2章316a8以下。

71・8「彼が興味をもって……」『トピカ』第3巻3章118b3以下。

71・12「AがBより優って……」『同』第3巻3章118b1以下。

71・16「より○○なものが……」『同』第3巻4章119a4以下。

72・9「彼が『トピカ』の中で……」『同』第1巻4章101b11以下。

75・2「最も多くのカテゴリー……」『カテゴリー論』4章1b25以下，『トピカ』第1巻9章103b20以下。

75・3「たいていの場合には……」『自然学』第1巻7章190a32以下，『形而上学』第6巻2章1025a35以下。

75・16「実際にその言い方で……」『トピカ』第1巻9章103b22，『形而上学』第6巻2章1025a36。

76・2「それぞれのカテゴリー……」『カテゴリー論』8章8b25以下。

77・6「二倍というのは……」『同』7章6b30以下。

77・10「アリストテレスは……」『同』6章5b14以下。

77・12「相反するものも……」『同』7章6b15以下。

77・14「知識は，別の観点……」『同』7章6b34以下。

78・1「徳も知識も，性質の……」『同』8章8b29以下。

79・7「そういう問答の……」 プラトン『エウテュデモス』298D以下。

80・15「プラトンの……」 プラトン『テアイテトス』152B以下。

84・5「それには，自然に……」『自然学』第2巻1章192b20以下。

84・9「火は上昇する……」『天体論』第4巻2章308b13以下。

85・2「自然学者はただ形相……」『自然学』第2巻2章194a12以下。

出典一覧

本書で紹介した内容の典拠となる著作を参照したい場合の便を考えて，出典箇所を以下にあげる。

各項目の記載順番は，本書の頁・行数「該当箇所の最初の数文字」参照すべき資料の著者名，書名，巻，章，節，頁などの数字である。著者名を記していない作品はアリストテレスのものである。

資料で日本語訳のないものは省略したものもある。それにかぎらず，全体として網羅は目ざしていない。


10・11「その出来事について……」 ストラボン『地誌』第13巻1章54以下，プルタルコス『スラ伝』26。

11・14「三世紀のプロティノスの……」 ポルピュリオス『プロティノス伝』14章。

13・5「アリストテレス……」『ソフィストの論駁法』34章183b16以下。

14・9「彼の著作の断片……」『ネリントス』断片1。

24・6「人は誰でも……」『形而上学』第1巻1章980a21。

25・4「人間の知的好奇心……」『同』第1巻1章980a21以下。

26・2「哲学が驚異の心から……」『同』第1巻2章982b12以下。プラトン『テアイテトス』155D。

26・7「アリストテレスは……」『形而上学』第1巻1章980a27以下。

26・13「アリストテレスは……」『同』第1巻1章981a2以下。

27・6「彼は医術を例に……」『同』第1巻1章981a20以下。

27・14「経験の豊富な人が……」『同』第1巻1章981a13以下。

28・7「普遍的であるとは……」『トピカ』第8巻1章157a23以下。

28・8「普遍的にまとめて……」『形而上学』第1巻2章982a21以下。

28・12「具体的な治療の……」『同』第1巻1章981a18以下。『ニコマコス倫理学』第1巻6章1097a11以下。

28・14「経験と対比される……」『形而上学』第1巻1章981a28以下，『自然学』第2巻3章194b18以下。

29・6「複雑で多様な事実を……」『同』第1巻1章184a10以下。

29・12「アリストテレスは……」『ニコマコス倫理学』第1巻4章1095b2以下。

30・11「アリストテレスに……」『自然学』第1巻1章184a18以下。

30・14「彼によれば，立体……」『トピカ』第1巻18章108b23以下。

33・7「アリストテレスは……」『形而上学』第1巻1章981a1以下。

34・15「プラトンの『分割法』……」 プラトン『ソピステス』219A以下など。

35・5「彼がプラトンや……」『生成消滅論』第1巻2章316a10以下。

35・13「彼はクジラを……」『動物誌』第6巻12章566b3以下など。

37・12「彼の師プラトンは……」 プラトン『国家』第5巻475C以下。

ま

や

ら

わ

な

は

た

さ

索引

ちくま新書
301

アリストテレス入門《にゅうもん》

二〇〇一年七月二〇日　第一刷発行
二〇二四年三月　五日　第一〇刷発行

著者　山口義久（やまぐち・よしひさ）

発行者　喜入冬子
発行所　株式会社筑摩書房
東京都台東区蔵前二-五-三　郵便番号一一一-八七五五
電話番号〇三-五六八七-二六〇一（代表）
装幀者　間村俊一
印刷・製本　株式会社精興社

ISBN978-4-480-05901-7 C0210

ちくま新書

190
プラトン入門
竹田青嗣
プラトンは、ポストモダンが非難するような絶対的真理を掲げた人ではない。むしろ人々の共通了解の可能性を求めた〈普遍性〉の哲学者だった！　目から鱗の一冊。

029
カント入門
石川文康
哲学史上不朽の遺産『純粋理性批判』を中心に、その哲学の核心を平明に読み解くとともに、哲学者の内面のドラマに迫り、現代に甦る生き生きとしたカント像を描く。

277
ハイデガー入門
細川亮一
二〇世紀最大の哲学書『存在と時間』の成立をめぐる謎とは？　難解といわれるハイデガーの思考の核心を読み解き、西洋哲学が問いつづけた「存在への問い」に迫る。

020
ウィトゲンシュタイン入門
永井均
天才哲学者が生涯を賭けて問いつづけた「語りえないもの」とは何か。写像・文法・言語ゲームと展開する特異な思想に迫り、哲学することの妙技と魅力を伝える。

238
メルロ＝ポンティ入門
船木亨
フッサールとハイデガーの思想を引き継ぎながら〈身体〉を発見し、言語、歴史、芸術へとその〈意味〉の構造を掘り下げていったメルロ＝ポンティの思想の核心に迫る。

071
フーコー入門
中山元
絶対的な〈真理〉という〈権力〉の鎖を解きはなち、〈別の仕方〉で考えることの可能性を提起した哲学者、フーコー。一貫した思考の歩みを明快に描きだす新鮮な入門書。

269
日本の「哲学」を読み解く
——「無」の時代を生きぬくために
田中久文
日本に本当に独創的な哲学はあるのか？　「無」の哲学を生みだした西田幾多郎・和辻哲郎・九鬼周造・三木清らをわかりやすく解説し、現代をいきぬく知恵を探る。